# メタバース・XR技術の教育利用と国際協創

東北大学未来社会デザインプログラム第1回国際シンポジウム

林 雅子 編

東北大学出版会

The Metaverse and XR Technology – Educational
Applications and International Collaboration:
Tohoku University Future Society Design Program
International Symposium 1

HAYASHI Masako

Tohoku University Press, Sendai
ISBN978-4-86163-394-2

# はじめに

　本書は2022年12月2日・3日に東北大学片平キャンパス「知の館」を会場に、リアルとオンラインとメタバースで開催された「第1回 国際シンポジウム メタバース・XR技術の教育利用と国際協創」の内容を書籍化したものである。このシンポジウムは、メタバース・XRを用いた教育に関する最新の成果や実例の講演と参加者とのパネルディカッションで構成され、予想を上回る活発な議論により、次世代の教育のあり方を展望する好機として成功を得た。

　当日ご登壇いただいた講演者・パネリストは文字通り各界の先駆者・専門家たちであり、それぞれの視点からメタバースやXR技術が教育と社会の未来にどのように貢献できるか、専門的かつ詳細な考察がなされた。豪華な顔ぶれによる最新の知見の紹介は、領域間の多様なつながりや重なりを描き出し、聞き手に、この技術分野の応用が豊かな未来を作り上げる可能性をイメージさせるものとなった。その知的興奮を紙上に再現し、記録することが本書を企画した大きな目的の一つである。

　読者諸氏には刺激あふれる本論をすぐに読み始めていただきたいところだが、ここで簡単に各章の概要について触れておこう。

　まず、東北大学の大野英男総長にはシンポジウム開会の言葉を基に「序文」をご寄稿いただいた。

　第1章では東北大学教育・学生支援担当の滝澤博胤理事が、東北大学におけるメタバース・VR技術の応用事例を紹介する。東北大学に所属する複数の研究者の取り組み例から、同大学の多様かつ積極的な姿勢が感じられるだろう。第2章は国立情報学研究所の喜連川優所長が、海外の事例も交えて、技術応用の現在の到達点について解説する。情報の受け取り方のバランスが変わりつつある中、メディアシフトについても非

常に示唆に富む言及がなされている。

　第3章は量子アニーリングの研究者である東北大学の大関真之氏が、耳目を集める量子コンピューターの活用と可能性について議論を展開する。続く第4章では、東京大学の雨宮智浩氏によるメタバース・VR技術の教育利用の実践例が登場する。第5章は編者である林が東北大学での国際協働学修で取り組んだ例について報告する。さらに第6章では早稲田大学の森田裕介氏が、教育工学の立場からメタバース技術の応用の利点と課題を指摘する。いずれも現在の研究教育現場からのものであり、読者諸氏には臨場感のある応用例を実感していただけるであろう。

　第7章では経済産業省の上田泰成氏が、技術の実働者としてのクリエイターに着目した論点を示す。第8章はアカデミズムによるVR空間の利用の先駆例の一つと言える「バーチャル学会」を運営するふぁるこ氏が、「実質的人類」という概念をもとに物理世界と電脳世界を行き来する同学会の取り組みを解説する。第9章はメタバース空間での学術交流イベントを主催する「VRC理系集会」のKuroly氏による、メタバースイベントの特徴についての報告である。技術応用の現場からの声は、このシンポジウムの議論にリアリティを加味する重要なエッセンスになっている。

　第10章は情報通信研究機構の川鍋友宏氏が、農業高校の実習におけるXR技術の応用について論述する。遠隔実習システムについて最新の実践例を学ぶことができるだろう。第11章は、金沢大学の東昭孝氏による同大学で既に取り組んでいる教育システム・教材開発の紹介である。第12章では総務省の高村信氏が、メタバース空間の運営にかかわる「中の人」問題を取り上げる。第13章ではクラスター株式会社の田中宏樹氏が、メタバースの教育現場での活用の可能性を提示する。第14章では東北総合通信局の桝島智氏より、新技術を支えるICT基盤の現状についての詳細な報告をいただく。そして第15章では、東北大学の北村喜文氏が、コミュニケーションという切り口からのメタバースへの応用について論述する。これらの章からは、メタバース・XR技術の応用はすでに走り始めているものであり、その中で得られる成果や教訓から同技

術の本質的な課題を逆照射して捉えることもできよう。

　シンポジウムで行なわれた2つのパネルディスカッションは、第16章と第17章において再録した。それに続く「展望」では、8名の論者からシンポジウムの印象と感想を述べていただいた。

　最後に、東北大学の滝澤博胤理事にはシンポジウム閉会の言葉を基に「おわりに」をご寄稿いただいた。

　構成はシンポジウムの登壇順としており、順に読んでいただければまさにシンポジウムを追体験できるようになっている。また、書籍化にあたってそれぞれの論考が推敲・ブラッシュアップされたものとなっているので、興味のあるテーマの章から読んでいただいても良い。なお、登壇者の所属・肩書はシンポジウム当日のものを本書でも踏襲していることをここでお断り申し上げておく。

　シンポジウムの企画・準備・運営では、滝澤博胤先生、東北大学知の創出センターの先生方、オーガナイザーの先生方をはじめ、本当に多くの方々にご協力いただいた。この場において改めて深く御礼申し上げる。また、同様に本書の作成においても多くの方々にご支援をいただいた。まずは書籍化に際し、本プログラムの事務補佐をはじめアシスタントの皆さんに多大なるご尽力をいただいた。また、本書は、公益財団法人栢森情報科学振興財団、公益財団法人高橋産業経済研究財団並びに一般財団法人放送大学教育振興会の助成を受けて出版されたものである。記して関係各位へ感謝申し上げる。

　このシンポジウムの成功を受けて、2023年12月には第2回の開催を予定している。この原稿を執筆している現在はまだ準備段階だが、第1回と同様に充実した内容のものになることが期待される。メタバース・XR技術がもたらす教育と社会の未来が、より明るく豊かなものになることを心から祈念する。

2023年9月　編者

# 序文

大野 英男（東北大学 総長）

　国際シンポジウム「メタバースXR技術の教育利用と国際協創」の開催に当たり、東北大学を代表してご挨拶を申し上げます。初めに、国立情報学研究所所長の喜連川先生をはじめ、ご講演及びパネルディスカッションへのご登壇をお引き受けくださいました先生方に厚く御礼申し上げます。

　本シンポジウムは、東北大学の知の創出センターにおける未来社会デザインプログラム「XR技術の教育社会貢献−メタバースでの国際協創−」の一環として開催しています。XR技術を活用した新たな学術交流や学びの場を身近に感じていただくと同時に、教育現場において新たな技術が導入される際の課題についても一緒に考えていきたいとの目的で企画され、現在、XR技術関連の業務に携わっている方々のみならず、XR技術とその活用に興味をお持ちの方々にも参加していただくことになりました。今回はメタバース、オンライン、オンサイトの3会場からの同時配信という新たなアプローチを採用しました。多くの方々から参加登録をいただき、XR技術や教育・研究現場でのその利用に対して高い関心が寄せられていることを改めて実感しています。

　東北大学は2018年に、2030年に私たちがどういう大学になっていたいかをまとめた「東北大学ビジョン2030」を公表しました。2020年には、コロナ禍を受けて「コネクテッドユニバーシティ戦略」として、アップデートしました。これは、サイバー空間とリアル空間の融合的活用を通じて、本学の諸活動をボーダレスにし、多様性に富み、真にインクルーシブな大学を創造することを表明したものです。距離や時間を越え、世界とよりダイナミックに繋がることで、自由度の高い学びと知の共創を可能と

し、コロナ禍で顕在化した社会の分断や格差も乗り越えて世界をつなぐ新たな大学像の確立に向け、様々な変革を進めています。

　そのうち最も重要な施策の一つが教育の変革です。本学は国立大学として最大規模の国際共修を展開しており、学生がメタバース空間でより対面に近い交流を可能とする「メタバースVirtual Exchange」、いわゆる「メタバースVE」を国内で先駆けて実施しました。海外の学生と本学の学生が母国にいながらにして交流し、互いに研鑽を積むことで、幅広い視野と柔軟な思考力、世界を舞台に活躍する国際感覚豊かなコミュニケーション力を身につけてもらうことが狙いです。メタバースVEは、海外留学を行う前の足がかりとしても利用できるほか、日本や日本文化に興味があり、日本の学生や研究者と交流してみたいという海外の学生にも、広く門戸を開いています。渡航が困難な時期にあっても本学の国際共修は影響を最小限に留めて進められました。

　このようにXR技術やメタバースの利用は、コロナ禍をきっかけにして急速に普及し、今後、教育や研究の現場で一層活用されていくことは間違いありません。

　本シンポジウムでは、2日間にわたり産官学のメタバース、XR技術に関わる幅広い分野の先生方にそれぞれの立場で講演いただきます。さらに、メタバースVEの協力校の先生方にも参加いただき、国際パネルディスカッションを通してXR技術やメタバースが教育や未来にどのように貢献できるか等について活発な議論が行われることを期待しています。

　ご参加の皆様には、メタバースとオンライン、オンサイトの同時配信という新しい取り組みも含めて、率直なご感想やご意見をお願いします。このシンポジウムが皆様にとって、XR技術やメタバースによりもたらされる新たな教育の未来と交流の可能性について理解を深める機会となることを祈念しまして、挨拶とさせていただきます。

[目　次]

はじめに　林 雅子（東北大学） ……………………………………… i

序文　大野 英男（東北大学 総長） ………………………………… v

第1章　東北大学におけるXR技術・メタバースの
　　　　教育・研究への応用
　　　　　　　　　滝澤 博胤（東北大学 理事・副学長（教育・学生支援担当））
　　　　　　　　　………………………………………………………… 1

第2章　教育とメタバース
　　　　―教育DXシンポでの取り組み　情報共有から見えてくる世界―
　　　　From MOOC to Metaversity
　　　　　　　　　喜連川 優（国立情報学研究所 所長／東京大学 特別教授）
　　　　　　　　　………………………………………………………… 15

第3章　量子アニーリングとその教育プログラムへの可能性
　　　　　　　　　　　　　　　　　　　　　大関 真之（東北大学）
　　　　　　　　　………………………………………………………… 37

第4章　メタバース・VR技術の教育利用とその可能性
　　　　　　　　　　　　　　　　　　　　　雨宮 智浩（東京大学）
　　　　　　　　　………………………………………………………… 49

vii

第 5 章　VR・メタバースで世界をつなぐ国際協働学修の挑創
　　　　　　　　　　　　　　　　　　　林 雅子（東北大学）
　　　　……………………………………………………………… 61

第 6 章　エンゲージメントを向上させる仮想学習環境としての
　　　　メタバース
　　　　　　　　　　　　　　　　　森田 裕介（早稲田大学）
　　　　……………………………………………………………… 113

第 7 章　メタバースにおけるクリエイターエコノミーの創出と
　　　　相互運用性について
　　　　　　　　　　　　　　　　　上田 泰成（経済産業省）
　　　　……………………………………………………………… 123

第 8 章　電脳世界における文化醸成とバーチャル学会の取り組み
　　　　　　　　　　　　　　　　ふぁるこ（バーチャル学会）
　　　　……………………………………………………………… 131

第 9 章　異分野融合をメタバースで加速する
　　　　　　　　　　　　　　　　　Kuroly（VRC 理系集会）
　　　　……………………………………………………………… 137

第 10 章　農業高校における XR 技術を用いた
　　　　　遠隔実習システムとその周辺技術の紹介
　　　　　　　　　　　　　　　川鍋 友宏（情報通信研究機構）
　　　　……………………………………………………………… 143

第11章　XR技術を活用した教育メタバースの構築

　　　　　　　　　　　　　　　　　　　　東 昭孝（金沢大学）

　　　　　…………………………………………………………… 157

第12章　総務省におけるメタバースに対する政策議論

　　　　　　　　　　　　　　　　　　　　高村 信（総務省）

　　　　　…………………………………………………………… 165

第13章　『cluster』がもたらすユーザー体験からみえてきた
　　　　メタバースと教育の未来

　　　　　　　　　　　　　　　田中 宏樹（クラスター株式会社）

　　　　　…………………………………………………………… 175

第14章　メタバース時代のICT基盤Beyond 5G（6G）の推進戦略

　　　　　　　　　　　　　　　　　　栁島 智（東北総合通信局）

　　　　　…………………………………………………………… 181

第15章　非言語情報を活用する人間性豊かなコミュニケーション
　　　　〜これからのメタバースへの応用を目指して

　　　　　　　　　　　　　　　　　　　　北村 喜文（東北大学）

　　　　　…………………………………………………………… 191

第16章　パネルディスカッション第1部
　　　　「メタバースの教育利用における利点と技術的な課題」
　　　　　座長：常田 泰宏（東北大学経済学部2021年卒業生）
　　　　　パネリスト：
　　　　　　・五十嵐 大和（東北大学）
　　　　　　・菅沼 拓夫（東北大学）
　　　　　　・高嶋 和毅（東北大学）
　　　　　　・田中 宏樹（クラスター株式会社）
　　　　　　・林 雅子（東北大学）
　　　　　　　　　　　　　　　　　　　　　　　　　　199

第17章　パネルディスカッション第2部
　　　　「メタバースで世界をつなぐ国際協働学修」
　　　　　座長：Ryan Spring（東北大学）
　　　　　パネリスト：
　　　　　　・Agus Budi Cahyono（Brawijaya University）
　　　　　　・Njeri Kagema（United States International University - Africa）
　　　　　　・Zhishen You（Dalian University of Technology）
　　　　　　・小熊 利江（Ghent University）
　　　　　　・田中 宏樹（クラスター株式会社）
　　　　　　・林 雅子（東北大学）
　　　　　　　　　　　　　　　　　　　　　　　　　　215

展望 ･････････････････････････････････････････････ 229
　五十嵐 大和（東北大学）･･････････････････････････ 229
　中村 教博（東北大学）････････････････････････････ 229
　八木 秀文（東北大学）････････････････････････････ 230
　小池 武志（東北大学）････････････････････････････ 231

北村 良（リコージャパン株式会社）⋯⋯⋯⋯⋯⋯⋯⋯⋯⋯⋯⋯ 232
髙木 敏行（東北大学）⋯⋯⋯⋯⋯⋯⋯⋯⋯⋯⋯⋯⋯⋯⋯⋯⋯ 233
Ryan Spring（東北大学）⋯⋯⋯⋯⋯⋯⋯⋯⋯⋯⋯⋯⋯⋯⋯⋯ 233
常田 泰宏（東北大学経済学部2021年卒業生）⋯⋯⋯⋯⋯⋯⋯ 234
林 雅子（東北大学）⋯⋯⋯⋯⋯⋯⋯⋯⋯⋯⋯⋯⋯⋯⋯⋯⋯⋯ 234

おわりに　滝澤 博胤（東北大学 理事・副学長（教育・学生支援担当））
　　　　　⋯⋯⋯⋯⋯⋯⋯⋯⋯⋯⋯⋯⋯⋯⋯⋯⋯⋯⋯⋯⋯⋯ 237

執筆者一覧 ⋯⋯⋯⋯⋯⋯⋯⋯⋯⋯⋯⋯⋯⋯⋯⋯⋯⋯⋯⋯⋯ 239
協力者一覧 ⋯⋯⋯⋯⋯⋯⋯⋯⋯⋯⋯⋯⋯⋯⋯⋯⋯⋯⋯⋯⋯ 240

※所属等は講演当日のもの

# 第1章　東北大学におけるXR技術・メタバースの教育・研究への応用

滝澤 博胤（東北大学理事・副学長（教育・学生支援担当））

## 1. はじめに

　東北大学におけるXR技術またはメタバースの教育研究への応用について、特に今日のシンポジウムの主題が教育利用であるという背景から、主に本学における教育への展開という側面を中心に紹介する。講演の最後に、少し臨場感のあるデモンストレーションを行う予定である。

### 1.1　東北大学ビジョン2030 ＆コネクテッドユニバーシティ戦略

　本学では2018年に「東北大学ビジョン2030」を策定・公表し、さらに2020年にはそのアップデート版として「コネクテッドユニバーシティ戦略」を掲げた。ここで挙げている全体像は、「東北大学ビジョン2030」が最先端の創造、大変革への挑戦であり、教育・研究・社会共創の3つの柱を有している。また卓越した教育研究を基盤とし、社会と共に成長する方針を目指しており、大学経営の刷新を図るものである。具体的には、4つのビジョン主要施策として、66の施策を2018年11月に公表した。

　その中でも、教育のビジョンとして12の主要施策を挙げている。学生の挑戦心に応え、想像力を伸ばす教育を展開し、それによって大変革時代の社会を世界的視野で力強く先導するリーダーを育成するというのが、教育ビジョンの柱である。その中には、いくつか主要施策を挙げているが、例えばパーソナライズドラーニングをはじめとする先進的ICT教育の推進、また今日の主題のもう1つである国際共創に向けたオープンでボーダレスなキャンパスにおける国際共修の展開など、このようなものをビジョンとして掲げている。

そのアップデート版としてのコネクテッドユニバーシティ戦略は、ポストコロナ時代の新しい未来に向けてという観点から、3つの基本方針を掲げている。

第1に、サイバーとリアルのベストミックスによってDXを推進するという方針が掲げられている。第2に、スピーディーでアジャイルな経営戦略への転換が求められている。そして第3に、広く様々なステークホルダーとのエンゲージメントを図り、共創を進める。このような方針により、先の読めない大変革時代の課題解決を先導し、社会価値の創造を目指している。

具体的な戦略として、コネクテッドユニバーシティ戦略の中に細かい内容が記述されている。例えば教育の変革では、オンラインを戦略的に活用した多様な教育プログラムの機動的な展開、距離・時間・国・文化等の障壁を越えた多様な学生の受け入れの推進、そしてオンラインと対面のベストミックスによるインクルーシブな教育環境の提供などが考えられている。

## 2. 東北大学におけるメタバース・XRを利用した事例紹介

以下では、本学における教育のICT化、特に今日の主題であるメタバース・XR利用による事例の紹介を行う。初めに、XR技術とは少し異なるが、教育ICT化の社会に向けた代表的な取り組みとして、大規模オープンオンライン講座（MOOC）の取り組みについて示す。

### 2.1 MOOCを活用したDXの取り組み

八木 秀文（東北大学 オープンオンライン教育開発推進センター）

本学は2016年に大規模オープンオンライン講座（MOOC）の取り組みを開始し、これまでに12の講座を提供している。これらの講座は、サイエンスシリーズと高度教養シリーズに分類され、年間2つずつ新しいプログラムが開発・展開されている。これまでに累計で9万人の受講者が登録し、そのほとんどの受講者から東北大学のオープンオンライン講

座に対して高い満足度が示されている。

　現在、毎年新規の2つのプログラムと再開講科目を含めて、国立大学としては最大規模で展開している。今年度からは、特に学内教育利用の推進を目的としており、本学のキャンパスが大きく4つに分かれている中で、時間や場所に縛られずに学べるというコンセプトの下、このMOOCの講座を利用したマイクロクレデンシャルを提供している。それは1講座あたり0.5単位と細かく分割された形で、学生が自由な時間に学べるように構成されている。

　今年の秋学期からは、つい先日実施したAO入試の2期選抜に合格し、来年4月に入学する予定の現在の高校生を対象に、入学前教育としてこれらのコンテンツを活用する計画を開始した。また、今年からの新たな取り組みとして、オープンバッジの発行も行っている。これは、本学のMOOCを受講した一般の受講生向けに、受講修了の証として学習成果のデジタル認証を提供するものである。このデジタルバッジ、すなわちオープンバッジの発行は、今後も進めていく予定である。

## 2.2　デジタルアントレプレナーシップ研修
　小池 武志（東北大学 高度教養教育・学生支援機構）

　ここから、本シンポジウムの主題であるXR技術およびメタバースの教育利用について、いくつかの事例を紹介する。まず、本学の高度教養教育・学生支援機構の教育プログラムの取り組みである。これは、仙台に本社を置くIT企業、ASA DIGITALとの産学連携のもと、試験的に開始されたものである。研修では、VR・AR技術の歴史的背景と製品そのものに触れた上で、学生にそれを認識させることが1つの目的である。さらに、学生自身がデジタル技術のポテンシャルを認識し、仮想現実社会で様々なコンテンツを創造する基礎を学ぶという内容である。

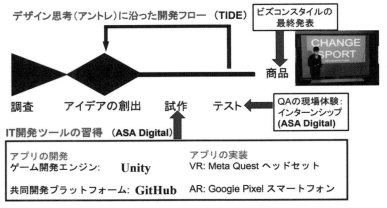

出典　小池 武志 作成
**図1　デジタルアントレプレナーシップ研修の概要**

　学生は、開発ツールや開発エンジン等の基本的な使い方を学び、少人数のグループに分かれてチームごとにアプリの作成と制作提案を行う。これはある意味で、アントレへのイントロ教育プログラムである。現在、国際学士コースFGLに在籍する留学生と日本人が国際共修という形でこの講座に取り組んでいる。特に本学のTIDE（イノベーション・デザイン・アントレプレナーシップ）の学生の協力も得て、アントレプレナーシップの観点から実際にワークショップが行われている。

　この研修では、チームに分かれてスタートアップのアプリ開発等を進める。このプログラムの概念図には、中央にデザイン思考の流れが示されている。この流れを把握した上で、学生たちはアプリ開発に取り組み、最終プレゼンに臨む。アプリの使用目的に応じて、VRヘッドセットに搭載するか、スマートフォンに実装するか等の選択が可能で、開発が進められる。最終的にはピッチ形式のプレゼンが行われるというプログラムである。

## 2.3　メタバースを活用した協働型 HyFlex 国際共修授業
林　雅子（東北大学 高度教養教育・学生支援機構）

出典　林 雅子 作成
図2　メタバースを活用した協働型 HyFlex 国際共修授業の様子

　この実例は、高度教養教育・学生支援機構が中心に展開しているものである。特に、渡日できない留学生とキャンパスにいる日本人学生が、ハイフレックスの形式で国際共修の授業を展開したものである。この取り組みは、災害やパンデミックなどの有事の際や、特別な状況下でも柔軟に国際共修教育を推進し得る1例である。

　しかし、このような授業を展開していくと、いくつかの課題が出てくることもある。例えば、カメラに映ることに対して抵抗を感じる学生や、カメラオフの状態で見えない相手に話すのを苦痛に感じる学生もいる。

　そこで、このような課題の改善を目的として、メタバースを導入したところ、130名を超す学生がメタバース空間上で共にディスカッションすることが可能となった。これは国際共修の新しい形態である。アバターを介して、カメラのオンオフを気にせずに、メタバース上でオンライン参加者と対面参加者が対等にディスカッションできる。新しい国際

交流の教育形態を生み出すことを目指して現在進めているところである。

## 2.4 高度専門人材デジタル教育基盤に寄与するインタラクティブVR技能教育プラットフォームの開発

洪 光（東北大学大学院歯学研究科・歯学部）

　医師養成や歯科医師養成、理工学系教育の分野などでは、実験実習が非常に重要な教育の根幹をなしている。特に技能に関わる部分は、オンライン教育が難しい部分であり、今までのスタイルでは現場で先輩や教員が実施する中でその技能を見て学ぶ、言わば匠の技を伝承する形態であった。

　そこに新しくVR技術を導入し、新しい学びの場を構築し、これからのデジタル化の中で個別最適化した教育を実践していこうとするものである。ここに挙げたような様々なプログラムの支援を受けて現在進めているということである。

　臨床シミュレーション実習の例では、インタラクティブVR技能実習シミュレーションとし、学生がヘッドマウントディスプレイをして、手にはグラインダーを持ち、歯の模型に対し各種治療行為をしている。これにより、今まで教室で実際に模型を使っていた学びが、それぞれの自宅や自分のペースで学習していくことが可能となる。

## 2.5　XR（VR/AR/MR）を活用した歯科用口腔内スキャナー (IntraOral Scanner: IOS) 操作の革新的教育・訓練システム

依田 信裕（東北大学大学院歯学研究科・歯学部）

- 熟練者や初心者のIOS操作時の動作をデータベース化し、主成分分析と最適化計算を融合した手法（特許第7058408号）によりIOS動作を3次元的に解析
- 円滑かつ短時間で確実に歯列をスキャン可能な理想的なIOS手本動作を生成し得る技術
- IOS手本動作自主訓練が可能なVRシミュレータ、ARとオンラインゲーム技術を融合した遠隔指導用シミュレータを搭載

AR空間に再現されたIOS手本動作の追従訓練　　VR空間でのIOS操作シミュレーション訓練

オンデマンドの在宅訓練・遠隔リアルタイム教育・訓練、低コスト化による学生実習での活用
⇒post/withコロナ時代に対応した歯科医療技術教育・訓練の新規デジタルプラットフォーム

出典　依田 信裕 作成

**図3　XRを活用した歯科用口腔内スキャナー操作の革新的教育・訓練システムの概要**

　現在は歯科治療における歯型の記録もデジタル化され、従来のゴムのような材料ではなく、「口腔内スキャナー」と呼ばれるデバイスが使用されるようになった。歯学研究科ではこの口腔内スキャナーの口腔内における操作方法について、XRを用いた教育・訓練システムを開発している。

　このシステムは学生や研修医などの口腔内スキャナー初心者が、VR、AR空間にて熟練者の動きや自身の欠点について、場所を選ばず効果的に学び、訓練することが可能である。また、オンデマンドの在宅訓練や遠隔でのリアルタイム教育・訓練を低コストにて行うことができるため、学生実習での活用が想定される。すなわち、post/withコロナ時代に対応した歯科医療技術教育・訓練の新規デジタルプラットフォームになり得る技術である。

## 2.6　デジタルヘルステストラボ

中川 敦寛・小鯖 貴子（東北大学病院臨床研究推進センターバイオデザイン部門）

　東北大学病院では、2014年より医療現場に企業を受け入れ、医療従事者とともに、「事業化に資する」課題探索を行うプログラム「アカデミック・サイエンス・ユニット ASU」を開始し、8年半で60社、1,500名以上の企業開発研究者を6ヶ月の契約ベースで全国から受け入れを行ってきた。ニーズを探索した後は、同じく院内のオープン・ベッド・ラボOBLで医療従事者とともに、コンセプトやプロトタイプの検証を行う。事業化に資するヒント、ひらめきは気付いたときに形にすることで大きく進むことはよく経験されることで、プロトタイプラボでは3Dプリンターはもちろん、身の回りのモノからデジタルヘルステストラボ内のAR / VRまで駆使し、プロセスのスピードと質の向上を図っている。また、ARを用いて医療現場観察に入る前の企業開発研究者のトレーニングにも利用している。

　これまで現場での観察を行ってきたのが医療の現場であったが、今のコロナ禍では臨床現場で様々な体験を進めるのは困難である。そうしたところに新しい仕組みを構築していくことで現在進めている。

## 2.7　インタラクティブコンテンツの研究

北村 喜文（東北大学 電気通信研究所）

　電気通信研究所の北村教授のグループでは、インタラクティブコンテンツやヒューマンコンピュータインタラクションの研究を進めている。その中で特に、ユニークなバーチャルリアリティの技術を数多く提案して、世界的にも認められている。最近は、それらの技術研究をベースに、我々の日常のコミュニケーションの中で重要な役割を担っている非言語情報を、メタバース等の遠隔コミュニケーションでもうまく伝達する方法を確立することによって、人間性豊かな遠隔コミュニケーションを実現しようとする学際研究プロジェクトを開始している。

## 2.8 客観指標による学習時の心的状態推定

塩入　諭（東北大学電気通信研究所）

　この研究室では、人間の認知機能の基礎研究とAI技術を用いることで、客観的計測に基づく学習時の心的状態を推定するための研究を進めている。授業中に学習者の興味や集中度を知ることは、授業の質向上に重要な手がかりとなり、特に遠隔授業などにおける利用が期待できる。遠隔授業の推進の影響もあり、現在カメラ映像などを用いた学習者の顔や視線、姿勢などの情報を計測することが可能となっている。

　そこで、顔表情や視線、姿勢などから注意状態を推定する手法の開発のために、基礎研究として、認知科学的手法を用いて計測した注意状態をAI技術を用いることで顔表情や視線、姿勢などの映像場情報から推定を試み、ビデオ教材の視聴時、暗算時などの環境において成果を上げている。現在さらに推定精度を上げるために、脳波などの生理指標の利用を進めている。

## 2.9 人に優しいVR

杉田 典大

（東北大学サイバーサイエンスセンターサイバーフィジカルシステム研究部）

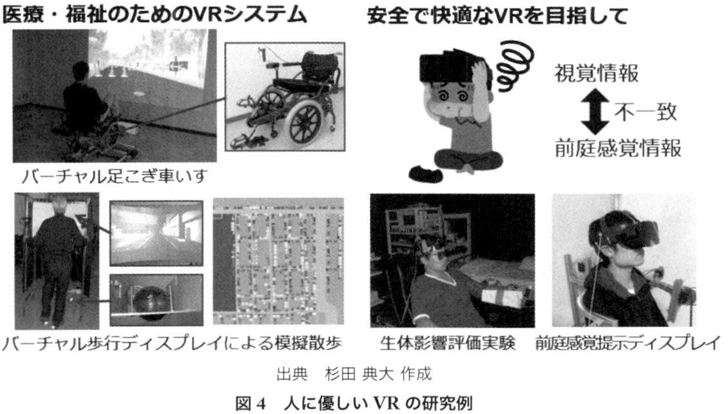

出典　杉田 典大 作成
**図4　人に優しいVRの研究例**

本学サイバーサイエンスセンターの杉田教授のグループでは、医療福祉のためのVRに関する研究が展開されている。こちらは、身体に麻痺のある患者向けに開発されたペダルを漕いで進む車椅子を、VRを用いて訓練するためのシステムである。また、図4の下の段は仮想環境内を散歩できる模擬散歩システムであるが、このようなシステムを用いることで、街中の道をどのように進むと方向を見失ってしまうのかというような研究を行っている。

　一方、VR技術を安全に利用するための研究も進められている。例えば、ヘッドマウントディスプレイなどでVRを体験する際、視覚で得られる情報と前庭感覚で得られる情報の間に矛盾が生じると「VR酔い」と呼ばれる症状が現れることがあるが、これに対して、生体信号を用いた自律神経活動解析を通して生体への影響を調べている。

## 2.10　東日本大震災遺構3Dポイントクラウドアーカイブ構築公開事業と防災教育

鹿納　晴尚・藤澤　　敦・高嶋　礼詩（東北大学総合学術博物館）

　本学の総合学術博物館では東日本大震災の震災遺構などを高精度に3次元計測し、被災の様子をVRやMRを使って将来に伝承するという活動を展開している。震災の被害状況をタイムカプセルのように3Dデータに記録し、それをVRやMRで再現して防災教育に役立てるものである。

　震災から既に11年が経過し、多くの地域で復興が進んでいるが、震災当時の様子を忘れないようにという目的で、震災直後からレーザースキャナーやドローンによる3D計測など、実際の被災の様子を3次元で記録し、防災教育に役立てている。この震災遺構の3Dアーカイブの作成には、短期間で大規模な建物や地域を計測する必要があるため、レーザースキャナーやドローンなどの様々な計測ツールを用いて記録してきたのである。

　3Dデータの取得は、本学の災害科学国際研究所が所有するレーザースキャナー等を利用して行ってきた。総合学術博物館では、岩手県での

1箇所、福島県での51箇所を含め、合計76箇所で震災遺構をアーカイブしている。

　これから総合学術博物館の鹿納晴尚氏による実演を行いたいと思う。会場の皆さんはこのスクリーンをご覧いただければと思う。これが震災遺構のVR体験というものである。

　このデータは、被災から2年が経過した南三陸町の防災対策庁舎の様子である。3Dレーザースキャナーで計測し、それをVRで再現したものである。まず、建物の外観を視聴者に見せるために、ゆっくりと全体を回している。現在この庁舎は周囲がかさ上げされており、当時の様子を今となっては知ることはできず、中に入ることもできない。これから徐々に上の方へ上がっていくが、東日本大震災の津波がこの3階建ての建物の屋上をさらに2メートルほど超えたところまで上がってきたのである。

　庁舎の高さが12メートルほどであるため、この時点での津波の高さは約14メートルになるという。計測当時、この建物の正面には祭壇が設けられている。

　建物の内部に入ると、天井の鉄骨が見え、壁は残っていない。現在はこの建物内部へ立ち入ることはできないが、VR技術を利用することによって、建物内部に入り、被害の様子を直接体感することが可能である。

　鹿納氏によれば、今視聴者が見ている方向が海の方向であり、津波はここにあった壁を突き破り襲ってきた。壁の鉄骨が曲がったまま残されており、そのような様子も確認することができる。

　次に、多くの人々が避難したまま津波が襲来した屋上へ移動してもらう。屋上に上がり、端まで行って下を覗くと、その高さを実感することができる。実はデモンストレーションをするつもりで1ヶ月ほど前に練習したのであるが、操作に慣れが必要であったため、今日は鹿納氏に行っていただいている。このVR体験によって高さを非常にリアルに感じることができ、かなり恐ろしい感じがする。

　当時の町長がしがみついて助かったポールが見える。周辺まで津波が

上がってきて、避難していた人々を飲み込んでしまったという非常に痛ましい出来事であった。津波が襲った際、現在見ている周囲がすべて海と化してしまったというのである。

　現在、この防災対策庁舎は外からの視認は可能であるものの、中への立ち入りは許されていない。このような状況下で、VR技術の利用によって、多くの事柄に気付くことが可能となっている。本学の総合学術博物館では、これを防災教育に役立てている。以上にて、私からの本学の事例紹介を終了させていただく。ご清聴、誠にありがとうございました。

　　　　　　※2023年8月の状況に合わせ内容を一部修正している

## 参考文献

宍戸敦子，猪狩和子，谷地美貴，佐々木誠，佐々木啓一，塙総司，小型3軸力覚センサを利用したブラッシング動作の解析．日本歯科衛生学会雑誌（1884-5193）12巻2号 53-61，2018

中川敦寛，Leor Perl，John Lee，原田成美，大田千晴，志賀卓弥，角南沙己，新妻邦泰，遠藤英徳，張替秀郎，冨永悌二，産学連携：アップデート．脳神経外科 52（1），2024 in press

中川敦寛，志賀卓弥，大田千晴，佐藤匠隼，三浦友裕，冨永悌二，脳神経外科イノベーション：アカデミアと企業との協調 脳神経外科ジャーナル 32（10）647-653，2023

中川敦寛，小鯖貴子，高橋圭，峯村遥香，池野文昭，冨永悌二，デザイン思考を用いた医療機器開発．整形外科・災害外科 64（12）：1579-1583，2021

R. Miao, H. Kato, Y. Hatori, Y. Sato and S. Shioiri, "Analysis of Facial Expressions to Estimate the Level of Engagement in Online Lectures," in IEEE Access, vol. 11, pp. 76551-76562, 2023

Guan-Yun Wang, Hikaru Nagata, Yasuhiro Hatori, Yoshiyuki Sato, Chia-Huei, Tseng, Satoshi Shioiri, "Detecting Learners' Hint Inquiry Behaviors in e-Learning Environment by using Facial Expressions", L@S '23: Proceedings of the Tenth ACM Conference on Learning @ Scale, Pages 331-335, July 2023

H Kato, K Takahashi, Y Hatori, Y Sato, S Shioiri, "Prediction of Engagement from Facial Expressions: Effect of Dynamic Factors", Advances in Intelligent Information Hiding and Multimedia Signal Processing, pp. 425-433, 2022

杉田典大，吉澤誠，田中明，阿部健一，山家智之，仁田新一，血圧－心拍数間の最大相互相関係数を用いた映像刺激の生体評価，ヒューマンインタフェース学会論文誌，4（4），pp.39-46，2002

吉澤誠，杉田典大，田中明，増田達也，阿部健一，山家智之，仁田新一，Mayer波帯における脈波伝播時間－心拍数間の相互相関を用いた情動反応の定量化，循環制御，25(1)，pp.41-49，2004

杉田典大，吉澤誠，田中明，阿部健一，山家智之，仁田新一，千葉滋，映像酔いに対する自律神経系の2相性反応，日本バーチャルリアリティ学会論文誌，9(4)，pp.369-375，2004

鹿納晴尚，西弘嗣，藤澤敦，佐々木理，高嶋礼詩，根本潤，2018，東日本大震災遺構3次元クラウドデータアーカイブ構築公開事業中間報告 Bulletin of the Tohoku University Museum, 17, pp. 139-183

鹿納晴尚，2018，災害復興ワークショップ 東日本大震災遺構等の3Dデジタルアーカイブ作成における計測手法について（地理空間計測・活用技術セミナー 2017 in 仙台），日本測量調査技術協会，先端測量技術 (110), pp. 32-42

鹿納晴尚，2022，3次元計測技術による被災状況の記録．歴史文化資料保全コーディネーター講座テキストブック，東北大学学術資源研究公開センター総合学術博物館編、歴史文化資料保全の大学・共同利用機関ネットワーク事業東北大学拠点, pp. 25-38

## 第2章　教育とメタバース―教育DXシンポでの取り組み
　　　　情報共有から見えてくる世界―
From MOOC to Metaversity

喜連川 優（国立情報学研究所所長）

### 1. はじめに

本日は東北大学の大野英男総長もおいでになり、驚きと共に、緊張している。林雅子先生に強く説得され仙台のオンサイト会場から今まさに講演しているが、メタバースの講義をするために物理的にここに来ているというのは、メタバースがまだアーリーステージにあるということの象徴ではないかと思う。

大野先生には大変お世話になっており、2020年9月ごろから内閣官房の教育再生実行会議の高等教育ワーキング・グループでご一緒してきた。また、大野先生とは若い頃同じ大学の同じ研究所、しかも同じ部ということで、距離感は非常に近いところにあった。私はこれまでずっと研究だけで教育はしないという立場に立っていたので、先の会議で大野先生が毎回語られる話を聞くと、大学運営だけでなく教育というものにパッションを持っておられる点に大いに感銘を受け、その感謝も込めて本日は仙台に来た次第である。

同じく東北大学の堀田龍也先生は教育再生実行会議の初等中等教育ワーキング・グループにいらした。大野先生と私は高等教育ワーキング・グループに所属していたため、直接話を聞くことはなかったが、特別にデジタル化タスクフォースという組織が創設され、そこで初等中等教育側から参加された堀田先生に教育の基本を教えていただいた。大野先生

も私も東京大学生産技術研究所に所属していた。ここは研究予算が非常に大きく、もっぱら研究をしており教育の割合はかなり少ない。アメリカでも大きな研究予算を持つ教授は、教育業務を減らすためにバイアウト制度を利用することがある。すなわち、研究費を使用して、教育業務を行う他の教員を雇用するというスタイルである。

一方で、デジタル屋として次世代の教育の姿をどのように考えるのかは、大きな研究テーマと言える。現在MOOC（大規模公開オンライン講座）が流行しており、これは教育のデジタル化の一環である。当時、単に講義を録画してデジタル提供するだけの場合と比較して、MOOCにはどのような価値があるのかという問いがあった。この問いについて、自分なりに整理しようという動機のもと、色々調べて私が感じたことは、可観測にする、すなわちオブザーバビリティ（Observability）を高めることが本質であるという考えである。

近頃、society5.0やビッグデータなど、様々な語が注目されているが、着目する対象物に対し、その対象物をバイデザイン（設計段階）でどのように可観測にするか、これが全てである。MOOCを実施すると、約1時間の講義は10分ほどに分割されているのが一般的だ。

1本の講義というのは基本的に映画と同じで、オンライン学習プラットフォーム「Udacity」で1本制作するのはかなり高額と聞く（現在では、ずっと安価になっているかもしれない）。大学の教員がUdacityまで行き、1本の講義を作成するのにはおおよそ1ヶ月もの時間を要するとも友人から聞いたことがある。講義を少しずつ切って短い問題を挿入しながら、学生が理解しているかどうかを見極めながら一歩一歩進めていくのである。

しかし、それ以前に時間軸上でコンテンツを再生していくと、多くの学生が一時停止して再生を行う特定の場所が存在することがよくある。誰であってもその場所で止まることが確認できる。これが誰の責任なのか、学生が悪いのではなく教える側に問題があることが明らかであり、コンテンツ改善が促されることとなる。

このような丁寧な解析は対面の教育では実現困難である。すなわち、

第2章 教育とメタバース —教育DXシンポでの取り組み 情報共有から見えてくる世界—
From MOOC to Metaversity

　デジタル化によって何が問題なのかを可視化できるという点に圧倒的な価値があると言えよう。単にビデオを流すだけでなく、詳細なログの解析がMOOCによって可能となる。この認識を得たことは、私にとって当時圧倒的な衝撃で、これは新しい洞察を提供するツールとなるだろうと考えた。そのような理由もあって、私は教育を「データ駆動型」にすべきだと考えた。

　教育研究に携われる方々全員を敵に回すかのような発言となるが、教育再生実行会議に参加して感じたことは、出てくる話のすべてがエピソードに基づいているということであった。このような教育をしてみたらこのような結果になった、あのようなアプローチをしてみたらあのような結果になったといった、具体的な例が次々と語られる。しかし、その全体の規模（N）は大きくない。工学や理学で生きている者としては、一般則を知りたいのであり、エピソードではもの足りない。

　この観点から言えば、Nを大きくすること、つまりデータを集めて、そこから一般則を見つけ出すことが必須と言えるだろう。だが、日本でも海外でもこれを十分に実行しているとは言えない。日本が次のステージに移行しようとするならば、データ駆動型の教育に飛び込むしかないだろう。

　現在、文部科学省は10兆円のファンドで「ハーバードに追いつく」ことを目指している。ただし、追いつくだけでは意味がない。追い越すために何を考えるかが問われるべきである。日本の教育をクオンタムリープ（飛躍的に向上）させるためには、我々は従来とは全く異なる方法を採用する必要がある。その方法とはデータ駆動型教育しかないと私は主張した。この「データ駆動型教育」という言葉は、何故か受け入れられ、教育再生実行会議第十二次提言書の一番初めに書かれることとなった。教育がこれからどう変わっていくのかは予測不能だが、自分自身が口にした言葉が意外にも受け入れられたことには新鮮な驚きを感じている。

　コロナウイルスの影響により、我々のDXシンポジウム（以下、DXシンポ）は2020年の3月から開始した。教育現場での講義が継続する必要

がある状況の中で、大学の教員は「Zoom」というツールを使用せざるを得なくなった。しかし、使用経験がある教員は全体の10％程度に過ぎず、特に文系の教員たちの大部分は使用経験がまったくない状況だった。学生たちは新しいツールに対して迅速に適応する能力を有しているが、教える側の教員たちにとっては、新たなツールへの適応は困難を伴うことが多いのである。

東京大学も2020年3月、オンラインへの完全移行が避けられないと理解していた。しかしながら、どう実行すべきかは誰も把握していなかったと思える。これは、いわばSDGsと同様の問題だ。目指すべきゴールは明言できるが、具体的な実行方法や誰が実行すべきかについては明らかになっていない。結局のところ東京大学情報基盤センターしか具現化するプレイヤーがいないのである。デジタル技術の研究ではなく、デジタルをサービスとして運用可能な主体は、基盤センター以外に存在せず、東京大学では田浦健次朗情報基盤センター長（当時）がとても頑張られた。

旧七帝大、北海道大学、東北大学、東京大学、京都大学、名古屋大学、大阪大学、そして九州大学の教員たちとともに、大学ICT推進協議会（AXIES）や国立情報学研究所（NII）は、日本が窮地に立たされることを避けるために、コロナ禍の中での遠隔授業に迅速に取り組むべきだとの意見を共有していた。そうして、規模は小さいもののシンポジウムを開催するに至ったのである。

初回の参加者は500名程度だったが、これを「わずか500名しか参加しなかった」と捉えるか、「500名もの参加者が集まった」と捉えるかは見方次第である。その後、参加者は急速に増加し、2,000名以上のコミュニティが形成されたのである。

我々が行ったことは非常にシンプルだった。多くの人々が驚いたのだが、「フェイルファースト（Fail Fast）、フェイルチープ（Fail Cheap）、フェイルスマート（Fail Smart）」を実践したことである。つまり、できるだけ早く失敗することが重要だということだ。これはIT業界の感覚である。医学では、人命がかかっているからこそ、このようなことは絶対に言え

第2章　教育とメタバース―教育DXシンポでの取り組み　情報共有から見えてくる世界―
From MOOC to Metaversity

ない。しかし、オンラインの授業である以上、早く失敗を経験するべきだというのが我々の主張であった。

　私は当時日本データベース学会の会長を務めており、その会員は約600名だが、3月のフォーラムを完全にオンラインに移行した。それにより、多くの研究者が参加することができた。人々が画面上にひしめき合い、当時のビデオ制御の担当者たちは、学生ボランティアをそれぞれのセッションに割り当てるという作業を行っていた。どのような形であれ、まずは「とにかく動く」、という体験を皆に提供したのである。

　これを忙しい中、当時の東京大学五神真総長も視察に来られ、遠隔ソフトウエアの使われ方を目の当たりにして、「これなら東京大学もオンライン講義をやるべし」と認識され、東京大学は学事暦を一切変えずに、すなわち新型コロナウイルスの影響で授業の開始を遅らせるといったことは一切せず、計画通りに進めることとなったのである。

　しかし、ここからが本当の困難の始まりであった。教室に集まってオンラインで授業の参加方法を教えるのは、誰でも可能である。しかし、ネットの向こう側にいる東京大学の3,000名の学生全員に対して、4月の始まりにオンライン授業への準備を促すというのは、大変な挑戦であった。

　さらに、教授陣への負担も大きかった。Zoomを使って授業を行う講習会をすると、Zoomの同時接続可能数は当時最大2,000名までであったが、すぐに2,000名に達したと聞く。

　その時に直面した大きな問題は、コンテンツの公衆送信が著作権法違反になるということだった。このような困難に直面したとき、法律上の理由でできないとなるのは何としてでも避けるべきであった。その時に、「喜連川先生が何とかしてくれる」と誰かが言ったそうで、それ以前から私は自由民主党の会議で呼ばれた時、「これは至急法改正をすべきだ」と主張していた。その後、動きが加速し、実際に4月末に著作権法の改正がぎりぎり実現した。当時大学はおおむね4月を準備時間に当て、5月から本格的な授業と考えていた。それになんとか間に合ったのである。

　さて、文化庁の著作権課から言われたのは、「少し大きな力で言わなけ

ればならない」ということだった。その話を聞いた時、東京大学の五神前総長は、これは旧七帝大の総長たちの名で出すべきだと提案され、強力なリーダーシップを発揮された。旧七帝大が出すのではなく、旧七帝大の総長7名の意志として出すことを提案されたのである。今日ご参加されている大野先生のお力も借りて、これが実現した。その時に、旧七帝大の総長7名の名前の最後に、わずかに小さく「喜連川」という名前が加えられたが、それはどうでもよいことである。

　ITの進化は速度が非常に早いものであり、その変化に最も追いついていないのは人間のマインドである。そして、この人間のマインドが反映されたルール、すなわち法律をどう変化させていくかが最も大切ということを強く感じた次第である。

　このような現象が、実は今再び起ころうとしている。それは本日の主要なテーマ、つまり「メタバース」に関連している。2022年の1月初旬に、我々はメタバースの意義を人々に訴えるために、藤井輝夫先生を招いた。藤井先生は生産技術研究所から東京大学の総長になられた。研究所からの最初の総長である。藤井先生にメタバースに入って講演をしていただいたところ、なんと1,700名もの人々が参加したのである。

　その次の回では東北大学に頑張っていただき、菅沼拓夫先生が全てのアレンジをなされ、大野先生が講演された。その際の参加者数は約2,200名にのぼった。東京大学よりも圧倒的に多かった。東北大学のチームは「Mozilla Hubs」システムの取り組みを真剣に行い、多くの人々を参加させるためにいろいろな工夫を重ねてこられていることが肌で感じられた。つまり、デジタル技術と教育の専門家がしっかりと連携し、協働する体制が確立していることが、東北大学の特徴だと思う。

　先ほど滝澤博胤先生の講演で3.11の画像が示されたが、その時我々が聞かされたことは、本当に涙が出るような事実だった。それは、「全てなくなった、全てなくなったが東北大学につながっているSINET（学術情報ネットワーク）だけは切れなかった」というものだ。「これはどれだけ我々を勇気づけたか、ありがとうございます」と東北大学から伝え

られた。それゆえに、私は本日、東北大学にお伺いしている次第である。NIIは常にバックヤードをしっかりと支えてゆきたいと考えている。

## 2. 教育DXシンポの事例とメディア・シフト

DXシンポにおいて、現時点においてほとんどの講演がVR・メタバースに関連しているというのは興味深い事実である。シンポジウムの発表を拝聴するなかで私が感じたのは、とりわけ、看護系学科によるVR技術の取り組みが多いということである。特に現在、医療現場で困難を感じている問題として、医師よりもはるかに多くの人材が必要とされる看護師の教育が挙げられる。看護師の育成・教育方法をどのように改善・進化させるか、これが1つの大きな課題となっている。

実際の物理空間での問題の1つは、例えば手術室に入れる人は少なく、更に、執刀医の周囲の3～4人しかその手技を直接見ることができないということである。その対策として、その現場をマルチアングルで撮影し、VR空間で自由な視角から観察できるというやり方が考えられる。同様の不具合は看護師教育でも見られ、コロナ以前から既に課題となっていたが、コロナ禍において、この問題に積極的に立ち向かわざるを得なくなったとも言える。他にも、例えばサッカーを始めとして、スポーツの手技学習においてもVR空間が有用であることは容易に推察できよう。また、高等専門学校でもすでにこの技術を実験や実習に大いに活用している。つまり、VR空間はすでに様々な場面で活用されているというのが実態である。

VR技術だけを議論するよりも、ここでは、少し原点に戻り考えてみたい。IT業界人間がこの状況をどのように解釈するべきかが重要であろう。我々はこの現象を「メディア・シフト」と称している。

出版業界においては、紙に印刷された雑誌が大きな打撃を受けていることは耳にされたことがあるだろう。書籍は徐々に衰退しているのである。電子出版という存在はあるが、その大部分が漫画で占められている。テキストによる情報から知識を吸収するという行為が、徐々に衰退して

きているという現状を、我々は受け入れざるを得ない。

　これは研究者からも教えていただきたいところだが、人間の情報吸収においてテキストから得られる情報はごくわずかであり、大半はボイス、つまり音声とGaze（視線）と聞く。つまり、テキストから得られる情報量は、人間に伝わる情報の中で少ないというのが、私が学んだ内容である。その内容が事実かどうか原論文を読んでいないが、だからと言ってテキストから得られる情報が無くなるわけではない。無くなることは絶対にないものの、その情報の受け取り方のバランスが変わりつつある。その情報を得るための比率が、次第に他の方向へシフトしていっていることを考えることも大切である。

　それではどこに動いたのであろうか。元早稲田大学総長の白井克彦先生がJMOOC（日本オープンオンライン教育推進協議会）の取りまとめをされておられるが、2020年においてMOOCが爆発的に広がったとご報告いただいた。その理由として、Zoomを使ったことすらないような教授が講義する場合と比べ、MOOCの方がはるかに魅力的であるということが挙げられており、誰が見てもこの方向へのシフトが進むのは自然な流れであると言えるだろう。

　例えば、ミネルバ大学では、オンライン学習とプロジェクト学習の授業形式を融合させた教育が提供されている。学生はオンラインでの学習と、実践的なオンサイトでのプロジェクトを通じてスキルを習得している。

　不動産を沢山維持する大学において、そこに高額な予算を割くことを大幅に軽減できるというメリットは大きい。デジタル化すれば、これらのコストを著しく小さくできるという点が1つの魅力である。あるいはデジタル投資も大きく拡大できると見ることもできる。また、全てのフィードバックループが非常に速く機能するという特性もある。つまり、よりミクロにリアルタイムでの学生へのフィードバックを可能とするシステムを組むことができる。これにより、教育効果が高まり、期末試験での点数が何点だったかというような、古い形式の評価方法はもはや不要となる。

第 2 章　教育とメタバース―教育 DX シンポでの取り組み　情報共有から見えてくる世界―
From MOOC to Metaversity

　サイバーエージェント社は現在、広告業界のバックヤードを担当しており、専用のネットワークを持っている。このネットワークを使って、広告をミリセカンド単位でダイナミックにインジェクション（挿入）する技術を実施している。このような高速のデータ処理と同じくらいに、子供たちにも同様の環境を提供することは夢ではない。教育はデータ分析の新たなターゲットとも言える。つまり、データ駆動型教育へのシフトは、今後の自然な進展であると言えよう。本は本としての良さを持っているが、知の吸収効率という観点から見ると、メディア・シフトを考えざるを得ない。VR の空間でそのような教育環境をつくることが模索されていると見ることができる。それを次章でみてゆこう。

## 3.　海外の VR 技術の教育適用事例 From MOOC/Zoom to immersive University

　前節で述べたことが次の潮流であるとした場合、その MOOC や Zoom からさらに高度な Immersive（没入型の）University へと動くというのは、ある意味で自然なことである。そこに林先生を含め、様々な先生方が共感し、この領域の研究に邁進されているということは非常に理にかなっている。

　筆者らは米国を中心とした教育のデータ駆動化に関する調査レポートの中で、VR 技術の教育適用事例も調査した（2023 年 3 月発行 [1]）。本節では、その内容に最新情報を加えて紹介する。

### 3.1　大学教育におけるメタバース利用の系譜

　「Shaping the future」というテーマでミシガン大学がオンライン学習プラットフォームプロバイダー「Coursera」と提携して XR コンテンツを提供するなど、MOOC のリフォームといった流れが次々と出現している [2]。

#### 3.1.1　ミシガン大学の取り組み

　ミシガン大学アカデミックイノベーションセンター・看護学部・薬学

部は、VR技術を利用して複雑な化学療法を教育するシステムを開発した。Michelle Aebersold臨床教授の指揮下に作成された「Under the Skin」というバーチャルリアリティ体験は、癌治療における化学療法薬のリスクの高い合併症への対処方法をナビゲートする。このプログラムの主目的は、学生が抗癌剤の安全な投与方法を習得し、抗癌剤が皮膚についたときの対処や患者がアレルギー反応を起こした場合等の緊急事態に対処する能力を高めるとともに、治療が細胞レベルでどのように作用するかを深く理解することとされている。例えば、点滴の方法についての工夫がされており、点滴を行う際に看護師に「ここに注意せよ」といった指示を出すなど、斬新な取り組みが進められているのである［3］。

### 3.1.2　スタンフォード大学の取り組み

スタンフォード大学では、Jeremy Bailenson教授が2021年より約200名規模での実験を継続している［4］。同教授は、2003年ごろから長い期間にわたってこの研究を専門に行っている［5］。裸眼ではなく、全てヘッドセットを用いて行っており、ENGAGE社の没入型のソーシャルVRプラットフォームを使用し、学生がヘッドセットを着用してお互いにコミュニケーションをとることを実践している。ビデオの制作も非常に高度であり、自然な授業展開がなされているように見える。特に焦点を当てているVRの適用領域としては、エンパシー、メディカル、クライメイトなどが挙げられる。ディスカッションに関しては、先ほど言及したENGAGE社が提供するツールキットを用いて相当数のコンテンツ空間が構築されている［6］。

スタンフォード大学は資金的に恵まれているため、このような先進的な取り組みも容易に行えると思われる。我々のDXシンポのような大規模な集会や、気軽に交流できる場所、ブレイクアウトセッションなど、あらゆることをVRプラットフォームが実施している。VRプラットフォームは高等教育だけに特化しているわけではなく、アメリカのハイスクールなどでも同様の活動を展開している。

### 3.1.3　Metaversityの取り組み

2021年10月、旧FacebookはMetaに社名をMetaに変更し、同年「Meta Immersive Learning：Meta没入型学習」プロジェクトを開始した［7］。米アイオワ州のVR・AR教育開発企業であるVictoryXR社と連携し、同年12月には、メタバース仮想大学キャンパス「メタバーシティ（Metaversity）」を設立する計画を発表、1億5,000万ドルを投じてMetaversityを導入する10大学への支援を開始した［8］。現在スタンフォード大学はじめ複数の大学がMetaversity上でVRを活用した講義を開始している。

「Metaversity」という名前は、非常に巧妙に付けられたもので、少しお茶目で良い感じがする。2022年の講演時にはGoogleやAmazon、Meta（旧Facebook）などが企業活動を縮小し、IT業界全体が下降傾向にあるが、一方2021年当時は、Meta（当時のFacebook）が、VRバーチャルスペースが教育に適合するのではないかという期待から、Metaversityという名前が広がった。

プラットフォームプレイヤーが既に存在するという状況になっており、動きはさらに加速している。Metaが全大学にヘッドセットを無料で配布することなどよりも、5万ドル程度で大学のデジタルツインを作成する（仮想環境に再現する）ことができることのほうが注目に値する。

多くの大学が各々異なる方針で教育手法を試みており、その中でもMetaversityの最初の事例であるモアハウス大学が特に知られている［9］。同大学は2021年春より生物学と歴史分野においてVRを活用した授業を開始しており、メタバース授業の導入効果として、オンライン／VRオンライン／トラディショナル授業について、成績や出席率などを比較した。この結果、対面／オンライン授業と比べ、VRオンライン授業が平均して10％向上したとしており、これらの事象から、徐々に教育手法の評価フェーズに入ってきているとの印象を受ける。林先生が今後、定量的な方法でさまざまな側面から実証研究を進められると期待している。

我々もZoomを使用した講義が成績に悪影響を及ぼさないか等、当初は多岐にわたる懸念に直面した。一方で、一部の場合ではむしろわずか

に成績が向上することさえも観察されたと高等専門学校から報告されたりもした。このような定量的な感覚をどう測定するかという問いについては、今後深い検討が必須であろう。いくらWi-Fiルーターを配布しても、根本的な問題は変わらない。これを配布しても、通信環境が悪い地域の学生にとっては受講が困難であるなど、様々な問題が存在する。VRの場合、さらに重い通信トラフィックが発生するため、負担がかかると言える。さらに、グリーントランスフォーメーション (GX) という観点から見ると、サーバー側の負荷が著しく高くなるという問題もある。このような技術課題を今後乗り越えてゆく必要がある。

### 3.1.4　その他の取り組み

多くの大学が、メタバースという方向に進んでいることが見受けられる。マサチューセッツ工科大学 (MIT) は「Immersive Education」という名前でプログラムを展開している。同大学のプログラムは費用が非常に高く、2日間で5,000ドル程度の授業料を設定している [10]。このように、各大学が提供するプログラムの付加価値の付け方は千差万別である。

ニューヨーク大学におけるケースも興味深い。特にアート分野でNFT (Non-Fungible Token 非代替性トークン) を用いるという戦略が展開されている [11]。各大学はそれぞれの領域で様々な工夫を凝らしており、日本の大学においても同様の方向が望まれよう。東北大学では、歯科分野の教育と災害対応の教育を丁寧に実施している。これらの取り組みは、全ての大学が同じ方向に競争するのではなく、それぞれの大学がそれぞれの持ち味を出すことが望ましいと考える。特に日本の場合、現状では世界を相手にしたとき、競争力が強いとは言えず、高度な戦略が必要と個人的には考える次第である。

### 3.2　プラットフォーマー

複数の企業からバーチャルクラスルームやバーチャルキャンパスが提供されている。利用者から見るとそれぞれ利用できるデバイスが異なる、

コンテンツが異なるなど選択が必要であるが、収容キャパシティ確保やデータセンター等において莫大な維持費用が発生するなど、収益の継続性が課題になる。

### 3.2.1 VictoryXR

VictoryXR社は、VR教材やバーチャルクラスルーム等のトータルソリューションを提供する米国アイオワ州ダベンポートの企業である。設立は2016年で、モアハウス大学など50以上の顧客を持つ [12]。ENGAGE社とは2020年に提携している。同社が提供するMetaversityは2021年12月の開始時には10校だったが、2024年3月には120校以上の大学がこの大学用の空間に参加している [13]。

### 3.2.2 ENGAGE

ENGAGE社は、教育・トレーニング・イベント向けメタバースプラットフォーム「ENGAGE」を提供するアイルランドの企業である。設立は2014年で、BMW、3M、Vodafone、オックスフォード大学、スタンフォード大学など160以上の顧客を持つ [14]。

### 3.2.3 Virbela

Virbela社は、Private Virtual Campusなどのメタバースプラットフォーム「Virbela」を提供する米国ワシントン州の企業である [15]。同社のプラットフォームはVR機器を活用せず、学生はPCやスマートフォンからアバターで仮想キャンパスに参加して、授業を受けたり学生同士のディスカッションを行ったりする。設立は2012年であり、カリフォルニア大学サンディエゴ校、モンテレイ工科大学、ダベンポート大学、MIT Sloan Schoolなどの顧客を持つ。

## 3.3 コンテンツ提供者

教室を販売する場合もあれば、アバターを販売する場合もあり、さら

には教育教材としてのeducationalコンテンツを提供するベンダーも存在し、経済圏が形成されつつある。ここでの課題は、おそらく当該市場を効果的に構築することであり、各大学が丁寧に個別に作成するというよりも、皆で分散して構築していくことが現実的ではないかと考えられる。

### 3.3.1 Labster

Labster社は、理科実験に特化したベンダーである。大学や高校向けに、化学、物理学、生物学など、多岐にわたるコンテンツが本と同様にVRのメタコンテンツとして用意されている[16]。米国ではハーバード大学、スタンフォード大学、カリフォルニア州立大学、MIT、テネシー州フィスク大学、アリゾナ州立大学、アリゾナ看護学校、オーストラリアではロイヤルメルボルン工科大学、ドイツではミュンヘン応用科学大学、英国ではノーザンブリア大学など、70カ国以上の3,000を超える大学と高校で約500万人が利用している[17]。

### 3.3.2 VictoryXR

VictoryXR社は、ENGAGE社との提携などにより、複数タイプの豊富なコンテンツを提供している。

VictoryXR Academyは、日本では幼稚園の年長から高校3年生までの期間にあたるK12から大学に対応するVictoryXR環境で動作する200件以上のVR教材を提供している[18]。例えば、アイスランド、万里の長城、シンガポールの庭園、その他多くの場所を含む、世界中の100以上の場所を探訪できる「3Dフィールドトリップ」や、科学、芸術、数学、天文学、テクノロジー、解剖学、分子生物学、古生物学、古代史などをカバーしたコンテンツなどがある。

VXR.Directは、中学・高校生向けの仮想生物解剖（Virtual Dissections）パッケージである[19]。安全かつ倫理的影響なしに、実際に生きた標本を用いた教室での解剖に匹敵するメタバース教材である。教材には、カエル、ブタ、ネコ、サメ、無脊椎動物、哺乳類の器官などCarolina

Biological社のコンテンツが含まれており、「次世代科学基準：Next Gen Science Standards (NGSS)」に準拠した内容となっている。なお、本教材では、有名講師であるWendy Martin氏がVR内で指導している。

Career & Technical Education（職業教育）は、高校や大学向けの職業スキル開発のプログラムを提供する全米プログラムで、92%の高校生、69%の大学生/社会人学生がプログラムを受講している[20]。VictoryXRはそのための教材を提供しており、ロボットやドローン操作、看護師等の職業分野で必要な学習をVRでリスクを伴わずに行うことができる。

VictoryXRでは、生成AIを活用した3Dオブジェクトを操作可能な、カスタムメイドのAIチュータ、3D Spatial AIを提供している[21]。簡単な設定で任意の教科向けのAIチュータを作成、授業の内容以外に話題が逸れないような対話の工夫、同時受講の生徒が同時に対話に参加可能であることが特徴である。

## 3.4　その他の取り組み
### 3.4.1　高校での取り組み

metave-high-schoolというK12を対象とした興味深い事例もある。メタバース的なハイスクールと言える。Optima Academy Onlineという名で、100%VR空間で構成されている。このように構築された学校は、楽しそうであり、活発に授業が進行している様子であった[22]。

子供へのVRの適用は非常に難しく、使用時間を30分間に制限した後に10分間の休息を挟む必要がある。長い間使用すると気分が悪くなることがあるためである。このような問題に対しては、テクノロジーとしてより精緻に追求する必要があろう。特に低年齢者への適用の際には、これらの制約を厳格に施す必要がある。

### 3.4.2　教員のためのメタバースと教員の養成

学生のためのメタバースを紹介してきたが、教員のためのメタバースについても取り組みが見られる。教師同士の情報共有のメタバースも提

供されており、多岐にわたる形式が展開されつつある［23］。

　教員の養成に関しては、米国テネシー州において2022年7月より教員養成プログラムにおいて、教員候補者にvirtual instruction strategiesのトレーニングを義務付けた。これを受けて、テネシー州オースティン・ピー州立大学教育学部は2024年3月に教員養成課程の学生がVRヘッドセット、3Dプリンター、LEGO Educationセット、ロボット工学、コーディングデバイス、その他の最先端のツールを使用して実践的な経験を積むための施設"Furniture Connection EdTech Studio"を開設するなど、活発な動きがみられる［24］。

### 3.4.3　グラスを用いた取り組み

　VRゴーグルを利用しない取り組みとして、米国のベンチャー企業のzSpace社による、軽量な立体視メガネ（偏光ガラス眼鏡）とペン型のスタイラスを利用したVR教育ソリューションを紹介する。立体視メガネを利用することで不自然な動きによる3D酔いが防げ、軽量であるため首の疲れも出にくいと同社は紹介している［25］。

## 3.5　重要な視点

### 3.5.1　アクレディテーション

　アクレディテーション（教育認定）は、VR大学、高校などを推進する上で、最も重要な要素と言える（図1）［26］。アメリカでは、アクレディテーションは地域的なもの（Regional Accreditation）と全国的なもの（National Accreditation）が存在し、それぞれ、6地域にある非営利の地域認定機関と米教育省が認定を行う。米国では、ほとんどが州法に基づいている。したがって、大学のアクレディテーションの85%は地域的なものとなっている。対象は公立・私立およびアカデミック全般の専門職などに該当するものである。このアクレディテーションを取得できるかどうかが極めて重要な分かれ目となるが、オンラインのみで教育を実現するオンリーオンラインというカテゴリが設けられているのは特筆に値

する。その例としてUniversity of the Peopleなる大学が挙げられる。当該大学は2014年に遠隔教育における全国的な大学としてのライセンスを取得しており、2021年以降は地域的な認証への申請フェーズにあるとされている。このような構造は、日本で言えば放送大学のようなものに相当する。

```
認定
・Regional Accreditation(85%)
・National Accreditation
```

出典　筆者作成
**図1　アメリカのAccreditationについて**

### 3.5.2　スクールクライメイト(School Climate)

話題はVRからややそれるが、度々アメリカからの訪問者があると、「あなたの国ではいじめは存在するのか」と質問することにしている。引きこもりの子供や大人が多くいる現象はおそらく日本特有のものと考えられ、また他の国でも同様な傾向が全くないわけでもないと思われるため、どう対処すればいいかのヒントを得たいと思うからである。引きこもりが何によって起こるのかという問いに対して、いじめが主な原因であるとされる。アメリカにおいては、このような問題を「School Climate」と呼び、データドリブン(データ駆動)の手法で対処していることが、色々と調べている中でわかってきた。

アメリカにはNCSSLEとNSCCという2つの組織が存在しており、それぞれNational Center on Safe Supportive Learning Environments、National School Climate Centerという名称であるが、専門的に取り組む組織が国家レベルで存在することは驚きであった。スクールクライメイト測定（School Climate Measurement）という手法が準備され、学校の状況が良いのか悪いのかを丁寧に評価している。また、米教育省配下の国

立教育統計センター（National Center for Education Statistics：NCES）では、School Survey on Crime and Safety(SSOCS)というサーベイ調査を実施している。これはヘイト関連用語（Hate-Related Words）が使われた頻度を計測しており、不適切な言葉を使う子供たちの言動をどう抑制するかという問題に対して、定量的に取り組んでいる点が評価されよう。この問題に対しては、更にいくつかのプログラムに分かれた取り組みがなされており、細部にわたって多岐に渡る議論が展開されている。フィジカルセーフティとは、例えば暴力のような形でのいじめを受けないようにするものであり、エモーショナルセーフティとは、SNSなどで不適切な言動を控えるなど、精緻に管理されているものである［27］。

　さて、VR空間での教育に視点を戻そう。サイバー空間においても、同様のモニタリングをしっかりと行うことは極めて重要である。我々が主催してきた教育DXシンポジウムにおいても、まだ、しっかりとした取り組みは報告されておらず、非常に重要な視点と考える次第である。

### 3.6　まとめ

　プラットフォームベンダーがあり、それに乗せるコンテンツベンダーも相当数出現してきたことから、VR大学の概念、特に東北大学のような取り組みは、プラットフォームベンダーとコンテンツを選択するだけで、比較的容易に、一応の構築が可能な時代に至っている。この変化はコロナによって駆動されたデジタルのみの空間であることによるもので、わずか1年か2年の短期間で劇的に進展していると言える。この流れに遅れることなく、我が国でも、良い部分は適切に取り入れ、不適切な部分を改善するという積極的な取り組みが必須であると感じる［28］。

## 4．おわりに

　林先生主催のシンポジウムは、2022年12月2、3日に開催された。既にChatGPTが利用可能であったとは言え、まだまだその広がりは限定的であった。その後、急速にその利用が広がり、本稿の最後の取りま

とめをしている段階では、ほぼ毎日生成AIについて議論されているのが実情である。教育DXシンポでも数多く取り上げて、多様な視点での議論を進めている。未だ、ハルシネーション（生成AIが事実と異なる情報を生成すること）により、時々間違った回答を応答するため、教育の場面での利用に慎重な向きもあるが、言語の習得においては圧倒的なパワーを発揮するなど、利活用の場面の整理が進みつつある。最近では、VictoryXRによる生成AIを利用したAIチュータの導入なども見られる。生成AIとメタバースが融合する世界も模索されることはほぼ間違いないと思われるため今後に期待したい。

最も難しい課題の一つは、文化が異なる国々との国際協創であり、林先生が取り組んでおられるような国際的な活動の遂行である。メタバースは必須のツールであろう。

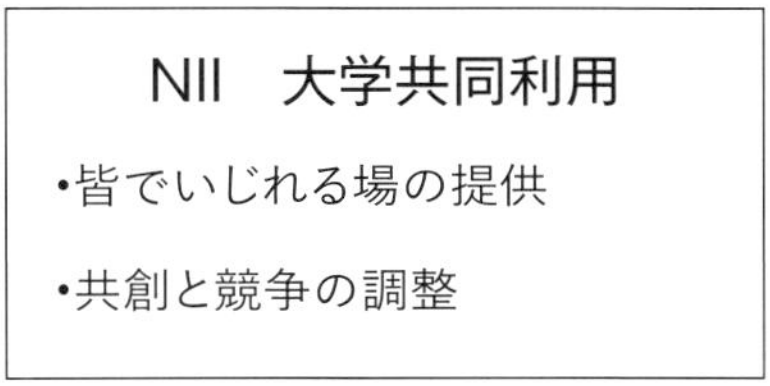

```
NII　大学共同利用
・皆でいじれる場の提供
・共創と競争の調整
```

出典　筆者作成
**図2　NII大学共同利用**

NIIにおいては、どの大学であろうと、すなわち比較的規模が小さい大学であっても、各種の技術や機器に触れることができる場を提供する役割を果たすべきであると考えている。コンペティティブな領域とコラボレーティブな領域を巧みに調整することで、日本が強化される方向に進展することが非常に重要であるとの認識を有している（図2）。

この辺で私の講義を終えたいと思う。どうもご清聴ありがとうございました。

参考文献

［1］https://www.nii.ac.jp/report/data-for-education-2.pdf
（閲覧日 2024 年 5 月 31 日）

［2］https://blog.coursera.org/shaping-the-future-university-of-michigan-and-coursera-partner-on-xr-enhanced-immersive-learning-experiences-%EF%BF%BC/
（閲覧日 2024 年 5 月 31 日）

［3］https://news.umich.edu/new-learning-tool-click-a-button-and-dive-under-the-skin-of-chemotherapy-patients/
（閲覧日 2024 年 5 月 31 日）

［4］https://vhil.stanford.edu/downloads/comm166
（閲覧日 2022 年 12 月 1 日）

［5］https://explorecourses.stanford.edu/instructor/bailenso
（閲覧日 2022 年 12 月 1 日）

［6］https://www.youtube.com/watch?v=idD1rZ7UqT0
（閲覧日 2022 年 12 月 1 日）

［7］https://about.meta.com/immersive-learning/
（閲覧日 2024 年 5 月 31 日）

［8］https://www.auganix.org/victoryxr-announces-ten-metaversities-to-launch-in-the-us-this-fall/
（閲覧日 2024 年 5 月 31 日）

［9］https://www.victoryxr.com/morehouse-results/
（閲覧日 2024 年 5 月 31 日）

［10］https://prolearn.mit.edu/business-implications-extended-reality-xr-harnessing-value-ar-vr-metaverse-and-more
（閲覧日 2024 年 5 月 31 日）

［11］https://www.sps.nyu.edu/homepage/metaverse/metaverse-blog/nyu-sps-launches-artlabb-an-nft-gallery-in-collaboration-with-dma-united-and-artano.html
（閲覧日 2024 年 5 月 31 日）

［12］https://www.victoryxr.com/about-us/
（閲覧日 2024 年 5 月 31 日）

［13］https://www.youtube.com/watch?v=xZGkw3CsY4o]

（閲覧日 2024 年 5 月 31 日）
[14] https://engagevr.io/
（閲覧日 2024 年 5 月 31 日）
[15] https://www.virbela.com/
（閲覧日 2022 年 12 月 1 日）
[16] https://www.labster.com/simulations
（閲覧日 2022 年 12 月 1 日）
[17] https://www.labster.com/news/new-funding-april-2022
（閲覧日 2024 年 5 月 31 日）
[18] https://www.victoryxr.com/victoryxr-academy/
（閲覧日 2024 年 5 月 31 日）
[19] https://www.victoryxr.com/vxr-direct/
（閲覧日 2024 年 5 月 31 日）
[20] https://www.acteonline.org/why-cte/what-is-cte/
（閲覧日 2024 年 5 月 31 日）
[21] https://www.victoryxr.com/ai/
（閲覧日 2024 年 5 月 31 日）
[22] https://www.floridatrend.com/article/33246/new-statewide-charter-school-%20optima-classical-academy-blends-classic-florida-education-with-ai-and-vr
（閲覧日 2024 年 5 月 31 日）
[23] https://www.k20educators.com/
（閲覧日 2024 年 5 月 31 日）
[24] https://www.apsu.edu/news/march-2024-ed-tech-ribbon-cutting-0321.php
（閲覧日 2024 年 5 月 31 日）
[25] https://www.zspace.com/
（閲覧日 2024 年 5 月 31 日）
[26] https://www.online.drexel.edu/news/national-vs-regional-accreditation.aspx
（閲覧日 2024 年 5 月 31 日）
[27] https://safesupportivelearning.ed.gov/
（閲覧日 2022 年 12 月 1 日）
[28] https://safesupportivelearning.ed.gov/topics
（閲覧日 2022 年 12 月 1 日）

注

　［注1］　出版直前の段階では、いわゆる生成AI、LLMの話題が中心であるが、継続的にメタバースの話題も取り上げている。

付記

　本原稿は2022年12月2日開催知のフォーラム国際シンポジウムにおける基調講演をもとに大幅に加筆修正したものである。

# 第3章　量子アニーリングとその教育プログラムへの可能性

大関 真之（東北大学）

## 1. はじめに　量子ソリューション拠点としての東北大学

　本稿では、筆者が研究する量子アニーリング技術およびその教育プログラムの可能性について述べる。

　人間の体も、コンピュータも、原子や分子によって構成されている。メタバース上の存在が何によって構成されているかを考える際、コンピュータがその世界を創造しているとの理解は、表現が難しいものの、「電気の粒子がそれを成している」とも考えられるだろう。

　それら極めて微細な構成要素を統御しているのは、量子力学という自然界の規則である。量子力学という分野を深掘りすることによって、新たな計算方法を創出することが可能となる。ニュース等で耳にすることがあるかもしれないが、東北大学では、量子コンピューティングを用いて、産業界における価値ある人材およびソリューションを提供することを目指して研究開発が進められている。

## 2. 量子コンピュータについて

　量子コンピュータについて簡潔に説明すれば、新型のコンピュータである。注目されている点は、省電力性にある。つまり、電気代の節約が可能である点が重視されている。燃料費の高騰が大学の研究室でも問題となり、その削減が課題となっているが、量子コンピュータには必要な電力が非常に少なくて済むという利点がある。

　電流が流れている状態を数字の「1」とし、流れていない状態を「0」とする。この原理により、かつて小学生時代に指を用いて行った算数の計算——指を折って「0」、立てて「1」とすることで数を表現する方法——が、

現代のコンピュータにおいても電気のオン・オフという形で利用されている。このように、電気のオン・オフを駆使して計算を行うのが、現代のデジタルコンピュータの基本的な動作原理である。

電気を多用することで多数の数字を表現することが可能となり、我々が計算のルールを記憶しているか否か、学習しているか否かに拘わらず、コンピュータにプログラムを設定すれば自動的に計算を実行してくれる。しかし、そのためには膨大な電気を使用し、多くの電流の流れを変更する必要があり、結果としてエネルギーを大量に消費する。量子コンピュータは、動作に余分なエネルギーを要しないため、その意味での省電力性が保証されている。

その量子コンピュータ内での挙動は、ここで専門的な用語を用いるが、量子力学という学問の原理に基づいている。私たちの日常世界では、ボールを投げれば直線的に飛び、予測可能な軌道を描く。しかし、量子力学の支配する原子や分子など、非常に微小な粒子の挙動は、目に見える自然界とは異なる原理に従っている。このため、研究が始まった初期にはその複雑さと理解の難しさから、使用が困難であった。しかし、研究者は未知に対する好奇心が旺盛であり、理解できない事象に直面すると、それを解明しようとする。約100年の歳月をかけて量子力学を徹底的に研究し、現在では自由自在に制御し、それをコンピュータ技術に応用しようとしている。

電気の粒子は見える自然界での常識と異なる動きを示すが、適切な操作が可能になった。これまでのコンピュータとは異なる動作を実現し、効率的な制御によって計算を迅速に終了させることができる。難しい局面も存在するが、異なる計算手法を実現することができた。例えば、足し算と引き算しか知らない小学校1年生が、2年生で掛け算、3年生で割り算を学ぶことにより、数の計算が速くなるように、新しい計算方法を学ぶほど、計算の速度は向上し、手間は減少する。従って、新しいコンピュータは、その速度が向上することが期待される。

量子コンピュータは現在2種類の方式が提案されている。これは計算

の目的や得意・不得意分野がそれぞれに存在するためである。第1のタイプは量子ゲート方式であり、これが新聞等で頻繁に取り上げられる、いわゆる量子コンピュータである。長年にわたって研究が行われてきたこの方式は、材料科学、複合化合物、創薬における物性評価の分野での利用が期待されている。

## 3. 量子アニーリングについて

　他方、筆者ら東北大学で研究しているのは、第2の方式である量子アニーリング方式である。この方式は組合せ最適化問題を解決するために用いられる。すなわち、パズルを解くためのコンピュータが出現したわけである。この量子アニーリング方式におけるパイオニアとしては、カナダに本拠を置くD-Wave Systems社というスタートアップ企業が挙げられる。同社がこの技術を2011年頃に最初に商用化した。筆者が東北大学に着任したのは2016年であり、D-Waveを活用して組合せ最適化問題に対し、最適な選択肢を提示するアプリケーションの開発を目標にした研究を開始することとなった。これにより、D-Waveマシンを用いた応用研究が始まった。

　この原理は、門脇正史氏と西森秀稔教授によって提唱されたものである。門脇氏と西森教授は当時、東京工業大学に所属しており、1998年に理論的な提案を行った論文を発表した。日本においては、理論提案がしばしば表面的な受け止めにとどまる傾向がある。提案から13年の間に、世界では研究と技術が進展を遂げ、D-Wave Systems社は、電気抵抗がゼロになる現象や、MRI装置内で強力な磁場を生成するために使用される「超伝導」という技術の研究を深化させた。これにより、非常に少ない電力で動作し、微小な電気粒子の運動のみで機能する新たな計算の世界が創出された。

　量子コンピュータ、具体的には量子アニーリングマシンの開発により、組合せ最適化問題を解決する専用マシンが設計され、市場に投入され始めた。このマシンは約2年ごとにバージョンアップされており、2019年には「D-Wave Advantage」と呼ばれる最新モデルが発表された。この装置

の中心部には量子アニーリングチップ、すなわちコンピュータのCPUに相当する量子プロセシングユニットが搭載されており、その中で組合せ最適化問題が解かれる。この技術により、様々な問題の解決に役立つチップが実現されたと言える。

## 4. ゲート方式の量子コンピュータとは

　日本においては、27量子ビットを有する量子コンピュータが存在し、これは1つの数字で表現可能な異なる状態の数、すなわち利用可能な数値の範囲を意味する。27量子ビットであれば、2の27乗という計算により、莫大な数の値を扱うことが可能である。

　そして2022年には、433量子ビットを持つ「オスプレイ」というチップが登場した。来年には「コンドル」と呼ばれる1,121量子ビットを搭載したチップが登場予定であり、非常に大規模な計算能力を持つことを想定してよい。科学の領域においては、線形代数が頻繁に使用されるが、多数の数値を一度に並列計算する際、莫大な数のデータを処理できる方が有利である。1,121量子ビットというビット数は、2の1,121乗通りの数値を扱うことができるほど大きな数字である。

　メタバース空間を構築する上では、モデルが我々の体を代替し、光がどの角度から当たるか、どのような色で発光するか、その時の座標など、様々な情報を全て記録しなければならない。これらのデータがどのように時々刻々と変化するかをシミュレーションするのが、バーチャルな3次元空間の世界である。自然界ではこれが自動的に行われるが、バーチャル空間ではこれをコンピュータで完璧に再現しなければならないため、計算処理は非常に複雑である。

　その中で行われている計算は線形代数であり、理数系の学部1年生や2年生が苦労する科目である。この計算を特に速く処理できる量子コンピュータを活用し、バーチャル空間上の計算を一部置き換える時代が到来する可能性がある。

　一方、量子アニーリングマシンはパズル解決に特化しており、その計

算速度は20マイクロ秒に及ぶ。消費電力は「20fW（フェムトワット）」という非常に小さい単位であり、ミリ、マイクロ、ナノ、ピコといったよく知られた単位のさらに下、10のマイナス15乗のレベルである。この消費電力は実質的にほぼゼロに近く、使用しているかどうかも判別しにくい程度である。このような低消費電力でありながら、従来のコンピュータでは解くのに時間がかかるような複雑な問題を瞬時に解決できるという点が、量子アニーリングマシンの特徴である。

　超伝導量子ビットを製造するためには冷却装置が不可欠であり、その冷却のために使用される冷凍庫の消費電力も考慮する必要がある。その結果、20fWの消費電力に加え、20kWが必要とされている。この事実により、デスクトップPCを稼働させるよりも高い電気代がかかる。しかし、スーパーコンピュータと比較した場合には、省電力であると言える。冷却装置に関しては、冷却効率を向上させるためのアーキテクチャの工夫により、消費電力の削減が期待される。現在、量子コンピュータは超伝導技術によって製造されているが、日本が得意とするレーザー技術や半導体技術を用いた、冷却不要のタイプの開発も進んでいる。したがって、この消費電力の数値は参考値に過ぎず、将来的には省電力で高性能な量子コンピュータが科学技術を支えることになると期待されている。

　ここからは技術的な議論に移る。従来のコンピュータ（以下、「古典コンピュータ」）は、0と1を用いて計算を行ってきた。これにより数字を表現し、基本的には0から1へ、または1から0への変換を行っている。一方、量子コンピュータにおいては、これらの操作も可能である。さらに、「0であり、かつ1である」という表現も可能である。しかし、0と1のどちらなのか明確でないため、結果を読み取る必要がある。このような状態では、0.5が出てくるわけではなく、0か1のいずれかが現れる。この割合を示すものが確率振幅である。

　つまり、この確率振幅を増減させることにより、計算過程での計算問題の答えが0か1かについての検討を可能にする。量子コンピュータはこのような計算を許容し、途中の振幅を調節することで古典コンピュー

タよりも柔軟な計算が可能となり、その意味で複雑である。

　しかしながら、複雑であっても研究により理解し、利用することができる。人類はこれを完全に理解し、利用できる状態に至っている。それにより、従来の計算方法と比較して、速度が向上する計算や逆に遅くなる計算など、様々なことが明らかになってきた。速度が向上する計算の条件が明らかになったことで、現在はどのような分野で利用するかについての検討が進んでいる段階に至っている。

　最近の量子コンピュータ研究においては、多数の応用例が報告されている。その中でも特に有名なのは、素因数分解の速度である。例えば、15は3×5と素因数分解できるが、このような計算は一見単純に思えるかもしれない。しかし、93,216,531のような数字の素因数分解を試みた場合、2で割り、3で割り、と各数で割ってみる作業は、ほとんどの場合において割り切れず、非常に困難な探索問題となる。

　この問題に対して量子コンピュータが応用される。2、3、5といった数字を重ね合わせることが可能であり、これらの数字のどれかが正解である可能性を重ね合わせて探索する。この探索によって、目的の数字を特定することができる。この手法は「ショアのアルゴリズム」と称され、現在IBMのマシン上でプログラムにより実行可能である。しかし、量子コンピュータの存在によって、世界が変わったという実感がまだないのは、現在の量子コンピュータによって出力される結果がヒストグラム形式（度数分布）であり、理論上は1組の数字の答えが出るはずであるにも拘わらず、現在の技術レベルでは多数の可能性を示す結果が得られるからである。今後の研究開発により精度を高め、理想に近づけることが現状の目標である。したがって、技術の成熟を待つ必要がある。

　また、バーチャル空間の構築など、従来はGPUを用いて行われていた巨大な行列ベクトルや線形代数の計算においても、量子コンピュータの利用により計算効率が飛躍的に向上することが確認されている。将来的には、量子コンピュータによるメタバース空間の実現が期待されるが、精度の問題や技術的な難しさが存在するのが現状である。

第3章 量子アニーリングとその教育プログラムへの可能性

## 5. 量子アニーリングの応用事例

本節では、量子アニーリングの応用事例について述べる。筆者は特に量子アニーリングマシンに注目し、その動作は相応の精度を有しているため、組合せ最適化問題の解決に利用している。

AとBの選択において、Aを0、Bを1とし、どちらが良いかの2択の問題を考えることができる。人間はAかBかの選択を重ね合わせの状態で続け、多くの経験を通じて最終的な選択を行う。量子アニーリングマシンはこのような計算を20マイクロ秒（0.00002秒）で行い、5,000量子ビットを用いて5,000個の選択肢を提供し、難問を瞬時に解くことが可能である。0か1か、左か右か、使用するか否かといった選択に関しても、量子アニーリングマシンは適用可能であり、配送計画の最適化、工程順序の最適化、投資判断など、幅広い応用事例が存在する。

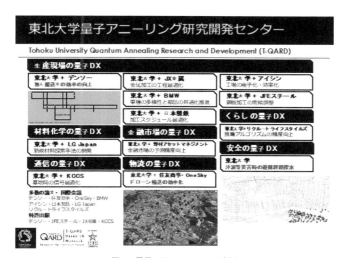

図1　量子ソリューションの事例

東北大学では、多数の民間企業と共に量子アニーリングマシンを用いた応用研究を進めている。東日本大震災の津波による甚大な被害を目の当たりにし、その対策として避難経路の最適化を行うプロジェクトを立

ち上げた。量子アニーリングマシンを用いることで、避難所までの距離や人の特性を考慮した最適な避難経路を割り出すことが可能である。

　東北大学ではスタートアップ創出を奨励するキャンペーンを実施しており、筆者らも「シグマアイ」と称するスタートアップ企業を立ち上げた。本企業では幅広い応用例を提示しているが、ここでは特に株式会社スカイフォールと共同で試みたデジタルミュージアムの構築について紹介する。「王立宇宙軍オネアミスの翼」というアニメの公開35周年を記念してデジタルミュージアムの創設を計画した際、膨大な設定資料やセル画を効率的に展示する方法の必要性が生じた。これに対し、モザイクアートという形式を提案し、量子アニーリングマシンを用いて割り当て問題を解決した。結果として、モザイクアートを詳細にズームすることで、各セル画を明確に表示し、設定資料にはクリックにより関連するエピソードや制作者のコメントを表示する新たなデジタルミュージアムの形態を創出することができた。

　この成果は、メタバース空間での資料やアイテムの配置に関する組合せ最適化問題にも応用可能である。どのように配置すればユーザーが集まりやすく、またコミュニケーションが生まれやすいかという問題を解決することで、より魅力的なメタバース空間の実現が期待される。このような実験を行うことも、今後の研究開発において重要な課題であると考えられる。

## 6. みんなが量子コンピュータを使える時代に

　最後に、教育プログラムに関して触れようと思う。「量子」という語には難解というイメージが付きまとう。研究者は自己の研究経験を基に、講義資料やノートをYouTubeなどのプラットフォームに公開することがある。しかし、研究者によって作成された資料が必ずしも優れているわけではなく、しばしば堅苦しく、親しみやすさに欠けるという問題が生じる。このため、提供された資料が学生や社会人に広く読まれることは少ない。

第3章　量子アニーリングとその教育プログラムへの可能性

図2　公開伴走型生配信授業の背景

　量子アニーリングおよび量子コンピュータの普及を目指すにあたり、教育者が積極的に伴走することが重要である。我々は量子アニーリングおよび量子コンピュータに関連する公開伴走型教育プログラムを実施している。このプログラムは高校生以上を対象に無料で提供され、YouTube Liveで配信された。2022年5月から開始され、初回は3.5時間のプログラミング講座であった。筆者自身が「このように操作します」と指示を出し、「コピー＆ペーストしてください」と案内した。この講座には高校生からその保護者まで幅広い層が参加した。操作に不明点があれば、即座にコメントで問い合わせが可能であり、その内容は画面に表示された。これにより、他の参加者も同じ問題に直面していることに気づき、共感を覚えることが多かった。オンラインでの教育の利点は、地理的な距離を感じさせないことにある。この特性により、教育過程のすべてを示すことが可能となる。

　参加者の疑問に全て応えることで、授業時間は当初の3.5時間から延長され、5時間、7時間となり、場合によっては翌日にまたがることも

あった。しかし、そのような長時間にわたっても視聴者数が減少することはなかった。

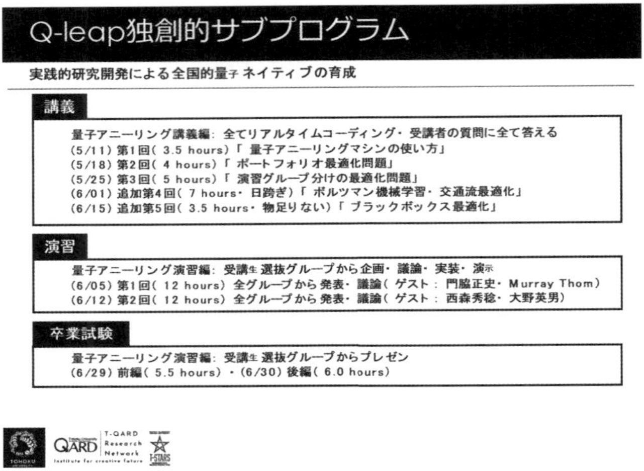

図3 Quantum Annealing for You の内容

リアルタイムでの教育プログラムがなぜ成功したのかについて、誰かが共に参加してくれることの重要性が明らかになった。教育の場では先生と生徒の関係性が重要であり、個人的な体験として、メタバース空間での孤独感に対する反省も含め、密なコミュニケーションの必要性を感じている。この経験から、教育プログラムは著しい盛り上がりを見せ、大野総長の協力のもと、量子ソリューションコンテストを開催し、その優勝者にはD-Wave systems社の訪問などを含むカナダ旅行がプレゼントされた。また、このコンテストから「Phosaiq」というモザイクアートアプリケーションが生まれた。

幕張メッセで開催された展示会や国際会議での発表会では、量子アニーリングマシンの活躍が確認された。参加者のプログラミングスキルや様々な属性をアンケートで把握し、250人を41グループに分けるというタスクは、量子アニーリングマシンを使用して解決したパズルの問

題であった。この結果、多様なグループが形成され、様々なアプリケーションの開発に至った。地域住民の避難誘導、旅行の経路最適化、グループ分け、バイトのシフト作成、ドクターヘリの配置、プロ野球中継ぎ酷使問題解決など、多種多様なアプリケーションが生まれた。

　開発されたアプリケーションは、地域住民の避難誘導、旅行の楽しみを増やす経路最適化、グループ分けに基づく婚活アプリ、バイトのシフト作成など、幅広い分野に及んだ。これらのアプリケーションは、商用販売に向けた実証研究へと進展した例も含まれている。また、ドクターヘリの配置や、プロ野球中継ぎ酷使問題の解決アプリ、さらには高専生が開発したモグラたたきゲームなど、多種多様なアプリケーションが誕生した。

　本年もゲート方式の量子コンピュータを用いた講座を開催し、さまざまなアプリケーションを生み出している。中でも、量子コンピュータでウサギを育てるゲームを開発したチームは、斬新なアイデアを提案した。これらの活動を通じて、市民や国民の協力によって革新的な成果が生まれる可能性を日々実感している。

# 第4章　メタバース・VR技術の教育利用とその可能性

雨宮 智浩（東京大学）

## 1. はじめに

　簡単に私の自己紹介から始めたい。東京大学機械系の学科を卒業し、大学院を修了した後にNTTの研究所に所属、その後2019年から東京大学に赴任した。今、連携研究機構のバーチャルリアリティ教育研究センターに所属しているが、後ほどこちらでの取り組みも紹介したい。また、並行して2022年から総務省の「web3時代のメタバース等の利活用に関する研究会」の構成員を仰せつかっており、最近こういった中央省庁におけるメタバースに関する様々な取り組みについての意見交換の場で活動させていただいている状況である。

　VRは非常に注目されている領域だと思うが、VRセンターという我々の今所属している部署ができたのは2018年に遡る。VRデバイスが普及した2016年はVR元年と言われ、その2年後にあたる。大学の様々な研究所・研究室でバラバラに行われているVR研究を横断的につなぐ役割をするべくつくられたものだ。現在5年目を迎えており、2023年の2月からはVRセンターの第2期が10年間の計画で始まるという状況である[1]。学内の連携関係は変化するが、引き続き相澤清晴センター長を中心に進める予定だ。

　注目していただきたいのは学内連携で、情報系の学部だけではなく医学部や工学部、さらには人文社会つまり心理学の領域の研究者が含まれているところが大きな特徴の1つである。また、寄付講座も2019年11月から始まり、サービス業の企業などからの寄付を受け、新しいVRの使い方を研究するチームが発足している。

　東大VRセンターは、学内におけるミッションとして、様々なVRの

普及活動を先導し、2019年から毎年10件から15件程度のプロジェクトに対し、授業の中でVR講義・VRシステムを使うための支援を行う取り組みもしてきた。

たとえば、学内の動物病院のVRツアービデオを、360度の動画ベースで作ったり、盲導犬歩行体験のVRシステム、様々なアート系の講義など、講義の中でVRを使えるような取り組みを進めている。

また並行して人材育成に関してもVRセンター内で進めており、コロナ禍の後で一番成功した例が「バーチャル東大」である。こちらはVRプラットフォームのclusterや、webXR版のものもあるが、デジタルツインで東大の施設を再現し、その中でオープンキャンパスに使えないかということで活用されている。これは令和2年度の総長賞の大賞を受賞した。

バーチャル東大のプロジェクトは3名の学生が中心となって成功させた。このような学生たちにある種「オン・ザ・キャンパス・トレーニング」の形で作業してもらうこともVRセンターでは支援をしている。

最近だとメタバース工学部が東大の工学部で始まった。しかし、メタバースの要素が実は少なく、かなり名前が先行してしまっていた。それをきちんとしたメタバースにする担当としてVRセンターがアサインされ、様々な講義を実施している。

たとえばVRセンターで開講した「メタバースをつくろう」は受講生が1,000名以上おり、女子中高生の受講者が半数近い講座になっている[2]。学生の親が見に来ることもある。また中学や高校の教諭が受講し、その後授業に使えないかを模索している。

Hubsというオープンソースの VR空間の中でどのようなことができるか考えたり、Ready Player Meのような自作のアバターを作るシステムを実際に導入するなど、若いうちからVR空間に馴染んでクリエイターを育成する仕組みも考えている。

最近では、VR空間の中で取材を受けるようなことも一般的になってきたように思われる。前述のメタバース工学部の開講式もVR空間で実施したが、この中で本人の身振り手振りを行う「中の人」、いわゆる黒子

のような方がアバターを操作するためのフルトラッキングシステムのサポートもしてきた。

　4月ごろには大学の新入生に対してサークルの勧誘活動が行われるが、時世柄キャンパス内で密集することはなかなか難しい。そこでサークルのVR新歓活動として、VR空間の中に立て看板を配置し、そこからサークルのサイトにリンクを飛ばすなどしている。

## 2.　VR / メタバースを活用した大学講義

　コロナ禍における大学の授業では、例えばHMDをかぶって、クラスター社さんのワールドの中に入って授業をするなどしてきた。教室のワールド内は階段教室のようになっていて、そこで授業を受ける形になっている［3］。

　スライドが見にくければ前に移動してもらったり、移動型の○×クイズみたいなインタラクティブな事もできる。こういった中で様々な取り組みをしながら研究活動と教育がどれくらいできるのかを調べている。

　授業だけでなくオンラインのVRイベントもいくつかやらせて頂いている。NIIのイベントの「教育機関DXシンポジウム」の総長VR講演で第1回目を我々が実施した。東大の藤井輝夫総長にHMDを装着してもらい、自身のフォトリアルなVRアバターをまとって、講演したり、本学卒業生と対話をしたりした。その様子をパブリックビューイングのような会場で見るという、メタバースの中にメタバースがあるといった形でイベントを開き、技術的サポートを行った［4］。

　本来メタバースの中ではアバターはどのような格好をしていても問題はない。しかし、ビジネスの場や、特に上司や先生が急に美少女アバターで登場すると、参加者は戸惑ってしまったり、誰が誰かわからないというアイデンティティの問題が生じることがある。そのため、こういったフォトリアルアバターを作るのが一番手間がかからない。

　カメラの値段も安くなってきており、ソフトウェアも自由に使えるものが増えているため、我々もこういったシステムを導入することを検討

し、80台のカメラで同時にシャッターが切れるようなシステムを学内に整備した。

　動かない対象であればiPhone 1台で3Dオブジェクトを作ることが非常に簡単にできるが、人や動物は静止していても、どうしても瞬きをしてしまったり、姿勢が少しずれてしまったりする。そうなると計算結果に大きく影響が出るため、一度にさまざまな角度から撮影できるシステムが必要であった。

　この写真から、ポイントクラウドと呼ばれる点群の情報を得て、それをもとにメッシュ、つまり「皮」を作り、この中に「骨」を通すことで、動きを適用させることができるアバターとして完成する。こういったアバター化を、東大では全ての教員が完了する、いわばVR Readyの状態になることを目指して進めている状況である。

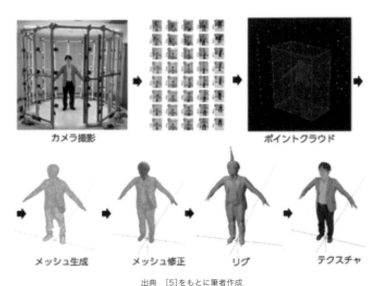

出典　[5]をもとに筆者作成

図1　フォトグラメトリによるアバター作成の例

## 3. メタバース元年後の教育

　2016年がVR元年であるとマスメディアではよく言われている。代表例であるオキュラスリフトは、今はMeta社（旧Facebook）に買収されたが、こちらの製品版が出たのが2016年になる。それに続くようにしてソニーのプレイステーションVRや、HTC社のViveなどが一斉に発売された。

　ただし、HMDは値段が高いものは30年以上前に発売されており、学術的な研究も並行して進められていた。このVR元年の段階でアカデミックな団体である日本VR学会が20周年を迎えていたので、正確には普及元年がふさわしい呼び名であろう。

　このVR普及元年のおかげでVR体験に対する障壁が非常に低くなったことが喜ばしい。多くの方がVRシステムを体験した、あるいはどんなVRコンテンツが面白かったのかを言い合える土壌が作られたのが非常に大きな功績と思っている。

　ただし、デスクトップモードのVRと、フルトラッキングとまではいかずとも3点トラッキングなどで全身の動き回転と並進が取れるような6自由度の没入感が高いシステムとの間には体験の質に大きな隔たりがある。

　そのため、同じコンテンツでもユーザー間で体験の非対称性が生じてしまうことがコンシューマ向けのデバイスとハイエンドなものが共存する上では避けられない。

　例えば先生と学生の間でどういう形でVR授業をするのか、同じVR授業の中でも学生がどのようにVR授業を視聴しているのかで様々な非対称性が生まれることは教育の質の公平性という観点から考慮する必要がある。「VR格差」や「VRディバイド」をどのように解消していくのかは大きな課題だと思っている。

　視点を変えて、ソーシャルVRやメタバースというものがこれまでのメディアツールの中でどういう位置づけにあるかを考える。同期と非同期でわけると、電話やテレビ会議システムの延長線上にソーシャルVR

やメタバースはある。逆にチャットやメール、掲示板、Slackといった非同期なシステムと比べると、かなりその特性が異なるものであることに注意する必要がある。

この同期非同期というキーワードは授業の形態でもよく出る。例えば対面授業は同期、ライブ授業配信も同期になる。オンデマンドのものは逆に非同期になる。ハイブリッド授業は対面とライブ型を同時にするものなので基本的には同期になる。ハイフレックス授業になるとどちらともいえないが、メタバースやソーシャルVRの仕組みはこの同期型に非常にフィットする授業形態であるとよくわかるはずである。

出典　筆者作成
図2　デバイスごとに異なるVR体験

もちろんオンデマンド型がフィットしないわけではない。講師と学生の間での授業に関して、例えば360度の動画をオンデマンド授業で見ることは一番考えやすい。しかし、現在、メタバースVR空間を使った授業と言うとそちらではなく、むしろ実習演習のところにかなり割がよいように思われる。例えば海外の方と話す機会は同期だ。同期システムにおいて時差の問題はどうしてもぬぐえないが、海外留学に行く代わりに

メタバース上でバーチャルな留学ができる。生の声でディスカッションができるのは非常に良い点である。

これを一部botのようなAIに対応させるようにすれば、非同期システムとして窓口対応トレーニングなどに使える。

また、目の前に見えている建物、例えば東北大学のキャンパスをそのまま取り込んできて、そのキャンパスが燃えているようなCGを合成したり、自分の住んでいる家が壊れるエフェクトをかけたり、現実世界と地続きとなるAR的な画像処理を施すと本当に自分の体験として一段階異なるものとなる。

つまり、そういう同期的なものと非同期的なものの間に位置し、自分事として捉えさせるようなシミュレーションはメタバースを用いた教育にとって非常に重要になるはずである。

さらに、今住んでいる場所は昔どうだったのか、皇居の跡地に立って、かつてここは江戸城だった、といった歴史的な情報と地理的な情報を学ぶことにも使えるのではないかと考えている。

また、美術館や博物館には大量のデジタルアーカイブがある。これまではそれを2Dのモニターでマウスとキーボードを使って見ていたが、VRゴーグルを使って見回すことができるようになれば、非常に大きな経験になるのではないか。

これまで、同期型で対面の講義を置き換えたVR授業も行った。アバターを使って様々な授業をしたり、HubsやVRChatといったソーシャルVR空間を使ったり、他にもZoomの顔画面をアバターと捉えるなど、色々試している状況である。

VR空間での授業では、表示される文字が小さいということを様々な人が指摘する。デスクトップのサイズよりも必ず小さい画面でしかVR空間ではスライドが出せないという制約があるので、Zoomで良いのではないかと言うのである。

これには非常に同意するところである。VRやメタバースでしかできないことをやらないと、いずれ対面に戻ってしまう。対面に戻ったほう

出典 [5]をもとに筆者作成
図3 同期と非同期から分類したメタバース教育コンテンツ

が良いところもあれば戻らなくていいところもあるので議論はあるが、VR・メタバースにしかできないことをしっかり確認し、何ができるのかを整理することが非常に重要だ。

VR・メタバースにしかできないことを考えるうえで重要な視点は2つある。1つはリアルではできないこと、もう1つはリアルを超えるような効果があることだ。

リアルではできないこととして、例えば物理法則を変えることが挙げられる。速度や重力と時間方向などがVRでは自由に設計できる。これらは物理世界ではできないので、メタバースならではである。また、現実世界をシミュレーションするために現実と双子のようなものをデジタル空間上に作るというデジタルツインがあるが、必ずしも現実と関係ない自由な世界でも良いのがメタバースの面白いところである。

リアルを超える効果は、特に学習の話からすると、高効率な学習とか訓練が可能である。例えば難易度が適切でない場合、つまり簡単すぎたり逆に難しすぎたりすると、学習がうまく行かないだけでなく、継続の意欲も湧きにくい。難易度と学習効果は逆U字カーブの関係にあるという説もあるので、適度な難易度が作れることは大事だと考える。

また、低頻度で高損失な事象を再現できる。例えば大震災のようななかなか起きないが、起きてしまうと大きな問題になるものの訓練をどのようにするかはかなり難しい。この発生頻度のところを人工的に操作することによって、風化や忘却に負けずに、より高い意識を植え付けるための訓練ができると考えられるわけである。

他には、今の自分が持っている役割や役職などの看板から一旦離れて自由なことができる。物理世界に息苦しさを感じている人からすると、とても良いことであると思うし、逆に社長が市井の情報を聞く際に非常に有効な方法になることもある。

## 4. 研究事例

オンライン講義が広く使われる様になった頃、講師がディープフェイクで別人の見た目となった状態で授業を行った [6]。ウェブカメラの映像を使って、一枚の顔写真をリアルタイムに自由に動かすものである。先ほど述べたような、80台のカメラを使ってフォトグラメトリで3Dモデルを作る必要もなく、1枚の画像だけあればできるので悪用される例もあるが、逆にうまく利用すると良い効果も出るのではないか。

例えば偉人が日本史の授業をするような、コンテンツに応じてアバターを変えて記憶の定着をより深いものにできるのではないかと考えているところである。

少し優しそうな先生の顔と厳しそうな先生の顔とで授業すると、授業中の発言数が変わるといったことも実験で明らかにした。

アバターの見た目によって受ける影響は講師側だけでなく、自分自身の見た目でも変化する。例えば、日常生活で自分の服装をスーツにしたり、逆にすごいラフにすると振る舞いが変わるようなことが、アバターでも生じ、プロテウス効果と名付けられた現象がスタンフォード大学ジェレミーベレインソン先生から報告されている [7]。効果としてはかなり限定的ではあるが、ホットな話題であり、使い方次第では非常に良い教育効果に化けると思っている。

そして、VR空間の強みはやはりシミュレーターにある。シミュレーターは、スタンドアロンのVRで開発が進められてきた。例えばフライトシミュレーターは実際の飛行機を飛ばすよりも小さなコストで訓練ができて、しかもフライトシュミレーターで飛んで操縦した時間が免許更新の際に実際に飛んだ飛行時間に換算されるというメリットもある。
　このような、リアルをVRが凌駕した話というのはとても良い使われ方の例である。さらに医学のように人体を使った実習のコストを考え、バーチャルでできないかというところは昔から取り組まれてきた。
　VR元年を経てシミュレーターの使われ方が少しずつ変化してきた。ある種の教育訓練、企業研修として、360度動画を使った一人称視点の動画を見せることによる演習がその例である。「VR蓮舫」という、当時民進党の公式コンテンツであるが、ひたすら蓮舫議員に詰められる経験をすることもできる。これが良いか悪いかは別として、インタラクティブ性はなくとも360度動画で逃げ場のない体験が得られる点が非常に面白い。我々もこういったシステムを作っている。具体的には、窓口対応の訓練用シミュレーターだ。さまざまな客の要望に対応すると、時として非常にストレスフルな罵声を浴びせられる。これにどこまで耐えられるかを、脈拍センサをHMDに埋め込み、センシングしつつ罵声のレベルを変えている。これは様々な使い方で訓練として使えるのではないかと思っている。
　また、低頻度高品質な事象に関しては、消防士の教育訓練に関する共同研究も進めている。例えばベテランの消防士が引退し、若い方がどんどん入ってくるが、当然若い方は経験がないため、いざ現場に送り込まれるとかなり危険だという。そこでVRで経験値を補おうという話をしている。
　他には視覚障害者の方々の体験が挙げられる。晴眼者が話を聞くだけでは理解しにくいことを、直感的に理解するための視覚障害のVRシミュレーターも開発している。弱視の方の見え方をWeb上のツールで編集し、HMDを使って視界がどのように見えるかを追体験することが

できる [8]。

　広島の平和記念公園でのVRツアーも教育訓練の例である。こちらは原爆ドームがある広島市の平和記念公園で行われているツアーである。ガイドさんがその歴史的な場所を紹介して回るのだが、あるタイミングでガイドさんが参加者にHMDをかけるように指示をする。そうするとHMDをかけた瞬間に現在から1945年の原爆が投下された時点の広島にタイムリープする。現在は復興した広島が目の前に広がっているが、その昔はどうだったかがより深く理解できる。

　もともとVRやメタバースは、どこでも体験できるものである。しかし、このコンテンツはその場所に行った時に、最も効果が出るようになっているコンテンツである。例えば、ツアー内のある場所では路面電車の映像が流れるが、リアルな路面電車も走っているので音がVR空間の中の再現された映像とうまくかみ合うと高い臨場感が味わえる。

　どのように感覚をすり替えるかというのがVRシステムの醍醐味である。

## 5. おわりに

　人間の感覚器、中枢器、効果器というループの中に入力システム情報の状態をセンシングするものとシミュレーションをするものがある。それをディスプレイ、HMDに限らず視聴覚、触覚、嗅覚、味覚、前庭感覚や内臓感覚など、様々な感覚に作用するものを用いて、「リアリティなもの」を作りだすものがVRである [5]。教育訓練システムに関してはHMDとVR空間をただ単に使えばいいのではなく、様々な工夫が必要である。メタバースに関しては同期コミュニケーションが中心であるが場合によっては非同期にも使えるので、使い方は非常に重要である。

　メタバースの中でアバターをどう考えるかというのはドレスコード的な側面もあるが、現在は過渡期な状況であるため、社会的な受容度とを一致させて考えていく必要がある。

　VRデバイスの普及は体験の障壁を低下させたが、質の高い体験をするためには高性能なGPUを積んだPCが必要となる。教育現場ではコ

ストの高さなども普及に関しては課題である。

　また、今回は視聴覚の話が多かったが、限られた入出力システムの中でどのように体験をデザインするかが非常に重要であるということを結びとして伝えたい。

## 参考文献

[1] 雨宮智浩，相澤清晴，"リアルとバーチャルが融け合う拠点 －東京大学VRセンターの取り組み－"，大学時報，Vol. 406, Sep. 2022.

[2] 雨宮智浩，"メタバースの教育現場への利活用"，(特集「接近するバーチャルとリアル －メタバース・ディジタルツインの現在と未来－」)，電子情報通信学会誌，Vol.106, No.8, pp. 723-727, August 2023.

[3] 雨宮智浩，"東大VRセンターによるVR技術を活用したオンラインライブ講義の実践"，映像情報メディア学会誌，Vol. 75, No. 6, pp. 697-701, Nov. 2021.

[4] 雨宮智浩，青山一真，伊藤研一郎，栗田祐輔，相澤清晴，"メタバース講演の課題と展望 －東大総長メタバース講演の舞台裏－"，電子情報通信学会誌，Vol.105, No.9, Sep 2022.

[5] 雨宮智浩，「メタバースの教科書 －原理・基礎技術から産業応用まで－」，オーム社，April 2023.

[6] 雨宮智浩，青山一真，伊藤研一郎，"遠隔講義における講師アバターの見かけによって変化する受講希望度が授業への積極的参加行動に与える効果 －オンライン授業への導入事例－"，日本バーチャルリアリティ学会論文誌，Vol. 26, No. 1, pp. 86-91, 2021.

[7] Nick Yee, Jeremy Bailenson, "The proteus effect: The effect of transformed self-representation on behavior." Human Communication Research,33, pp.271–290, 2007

[8] Kiyosu Maeda, Kazuma Aoyama, Manabu Watanabe, Michitaka Hirose, Kenichiro Ito, Tomohiro Amemiya, "VisionPainter: Authoring Experience of Visual Impairment in Virtual Reality," In Proceedings of HCI International 2022: Human Interface and the Management of Information: Applications in Complex Technological Environments, pp.280-295, July 2022

# 第5章　VR・メタバースで世界をつなぐ国際協働学修の挑創

林 雅子（東北大学）

## 1. はじめに

### 1.1　VR・メタバースを活用した国際協働学修の目的

　筆者は現在、VR技術やメタバースを活用して、多様な言語・文化的な背景をもつ学生が世界の各地から参加し、協働学修を通して学び合う「メタバース国際協働学修」を実施している。2021年から現在まで延べ約350名の学生を対象に、ほぼ全期間に渡りメタバースを活用して実施してきた。1クラス130名という規模で1学期間に渡りすべての授業回で多様なメタバースを導入した学期もある（図1.1, 図1.2）。

　本取り組みは、地理的な制約を超えて、多様な国や地域の学生との交流を通した異文化理解と、臨場感や没入感の高い学修体験を通して深い考察とディスカッションを促進し、グローバルな視野を持つ人材の育成に貢献することを目的としている。

出典　東北大学統合報告書 2022
**図 1.1　メタバース国際協働学修**
130名が国境を越えて同一空間で協働学修を行う様子

2023年4月27日、内閣府は第6回教育未来創造会議で「未来を創造する若者の留学促進イニシアティブ＜J-MIRAI＞」を示した。そこには、日本人学生の派遣方策として1人1台端末を活用した海外とのオンライン交流の促進が示されている。また、国際交流の具体的方策として「VE（バーチャル・エクスチェンジ）等のオンラインを活用したハイブリッド国際交流の推進（内閣府 2023）」などが挙げられている[1]。さらに、教育の国際化として中学・高校段階におけるオンライン等を利用した国際交流を行っている学校の割合を、現在の20％から2033年までに100％に引き上げる目標が掲げられている。

　しかし、1.2項で後述するように、従来のオンライン会議システム（以下、会議システム）を利用したオンライン国際交流では「心理的な壁」「カメラオンオフ問題」などの課題が生じた。その課題の改善のために、臨場感・没入感や同一空間を共有する感覚が高まることが期待されるVR・メタバースを導入した。本取り組みについて、文部科学省の「大学・高専における遠隔教育の実施に関するガイドライン」に以下のように説明されている。

> 　学生と教員がアバターの姿でメタバース上の同一空間に集合して授業を行うことで、<u>従来のオンライン会議システムを活用した遠隔授業に比べて、学生同士の一体感がより向上し、従来の遠隔授業において感じやすいとされる心理的な壁が低減する効果が期待できる</u>。また、機材の活用等によって、双方向に相づち等の反応を伝達することができ、学生の臨場感や没入感が上昇する効果も見込まれる。さらに、<u>従来の遠隔授業においては、カメラオンに抵抗感を感じる学生と顔の見えない相手に話しかけることを苦痛に感じる学生が混在する可能性があったところ、メタバース上の同一空間にアバターの姿で集合することで、コミュニケーションの円滑化が可能となる</u>（文部科学省 2023 pp. 5-6, 図1.2）[2]。

第 5 章　VR・メタバースで世界をつなぐ国際協働学修の挑創

出典　東北大学統合報告書 2022
**図 1.2　ヘッドマウントディスプレイを活用した国際協働学修の様子**

　加えて、後述するように、メタバースを活用した国際協働学修の方が、会議システムを活用したオンライン国際協働学修より学生のニーズや満足度が高い。

　以上のように、VR・メタバース国際協働学修は、政府の国際化の方針に貢献するのみならず、遠隔学修環境の発展に貢献し得る取り組みである。

## 1.2　VR・メタバースを国際協働学修に導入した背景

　本項ではVR・メタバースを国際協働学修に導入した背景を述べる（図1.3）。筆者が担当する授業では、日本人学生と留学生が協働で準備や発表を行い、多様な社会的背景や価値観を持つ様々な国や地域の学生との交流を通して言語・文化を相互に紹介し、ディスカッションする。これらの諸活動を通して自言語・自文化だけでなく、他言語・異文化への深い理解と尊重する態度を身につけ、将来国際社会で活躍するための倫理観を養うことを目的としている。

　新型コロナウイルス感染症（COVID-19）のパンデミックの際には、多くの留学生が渡日困難となり、オンラインでの授業参加を余儀なくされ、会議システムを利用して授業を行った。その後、国内では対面授業が開

始されたが、留学生の渡日制限は継続したため、対面参加者とオンライン参加者が混在する協働学修の必要性が生じた。

そのため、対面参加、オンライン参加、オンデマンド視聴を選択可能とする「HyFlex(Hybrid-Flexible)」授業により、海外から参加する学生との国際協働学修を実践した。HyFlex授業は、日本人学生が教室で交流可能であるという対面授業の利点と、会議システムを用いることで1つの授業に複数の国や地域からリアルタイムで参加が可能であるというオンライン授業の利点を両方合わせ持つ授業形態である。

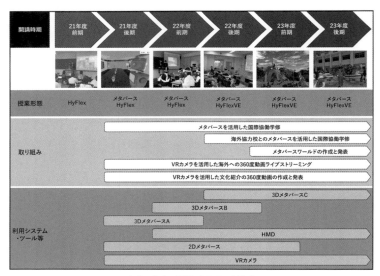

出典　筆者の依頼の下に TA が作成
図 1.3　VR・メタバースを活用した取り組みの変遷

HyFlex授業は対面参加者からの満足度が高かったものの、授業の実践を通していくつかの課題があることがわかった。

課題の1点目は、オンライン参加者が対面で参加しているグループメンバーに話しかけにくく、また、メンバー同士の会話の輪に入りにくいという問題である。また、海外から参加する学生からは、教室にいられ

ないのが寂しいとの意見が寄せられた。海外からオンライン参加する学生は孤独感を感じやすいのではないだろうか。以下、本稿ではこれらを「心理的な壁」と呼ぶ（課題①）[3]。

課題の2点目は、会議システムにおいてカメラオンに抵抗を感じる学生と、カメラオフの相手に話しかけることを困難に感じる学生が混在することで、円滑なコミュニケーションを形成し難い事例が見られることである（林 2022a, 林他 2022a）。教育機関によっては、カメラのオンを強制することができず、学生の意思決定に委ねられることがある。以下、本稿では「カメラオンオフ問題」と呼ぶ（課題②）。

課題の3点目は、渡航困難なオンライン参加の学生にとって、リアルな文化の体験が困難な点である。以下、本稿では、「リアルな文化体験の機会の欠如」と呼ぶ（課題③）。

これらの課題を改善しなければ海外からの学生が参加に消極的になってしまうことが考えられ、海外学生の参加者が減少した場合、日本人学生の国際教育の機会も損なわれる。よって、海外から参加する学生の環境を良くするために当課題の改善が重要となる。これらの課題を克服することで海外から学生の参加が容易となり、国内外の学生の国際交流促進につながり得る。

そこで、オンライン参加者の臨場感や没入感を高めるVR技術と、オンライン参加者と対面参加者が同一空間を共有できるメタバースに着目し、課題①〜③の改善を目指した。

以下、ここでは課題改善の方法としてVR・メタバースを導入した理由を簡単に説明し、詳細は各節で説明する（図1.4）。

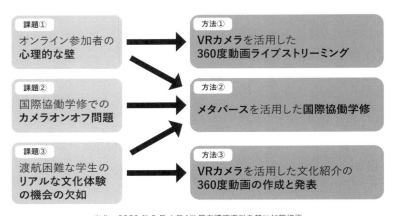

出典　2022年2月4日NII筆者講演資料を基に加筆修正
**図1.4　HyFlex国際協働学修の課題と改善方法**

　まず、課題①「心理的な壁」の改善を目的として、方法①「VRカメラを活用した360度動画ライブストリーミング」を実施した。360度カメラで教室の様子を撮影してリアルタイムで配信することにより、視聴者は主体的に視聴する角度を決めることができる。さらに、ヘッドマウントディスプレイ（HMD）や、スマートフォンを使用するVRゴーグルを装着することで、360度動画をVR動画として視聴することができ、より一層の没入感が高められる（以下、本稿では360度カメラを「VRカメラ」と呼ぶ）。これにより、海外から参加する学生に従来の動画配信よりも臨場感の高い映像を配信し、教室の様子を伝えることができ、心理的な壁の改善が期待できるため、この方法を導入した。

　また、課題①「心理的な壁」の改善を目的として、方法②「メタバースを活用した国際協働学修」を実施した。メタバースには、オンライン参加者と対面参加者が同じ空間を共有できるという特徴がある。これにより、疎外感を少なくし、グループのメンバーとの一体感や、同じグループで共有する空間への臨場感や没入感を高められ、心理的な壁の低減が期待できるため、この方法を導入した。

次に、課題②「カメラオンオフ問題」の改善を目的として、方法②「メタバースを活用した国際協働学修」を実施した。アバターとしてメタバースに参加することで、学生がカメラのオンとオフを気にせず授業に参加できると考えたためである。

最後に、課題③「リアルな文化体験の機会の欠如」の改善を目的として、方法③「VRカメラを活用した文化紹介の360度動画の作成と発表」を行った。本授業の発表では、留学生にとって関心のあるテーマについて各グループで協働企画・作成した360度動画を活用した。これを導入した理由は、視聴する学生が主体的に見たい場所を選択することができるという利点に加えて、VRゴーグルを利用してVR動画として視聴することで従来の動画に比べてより没入感の高い異文化理解学修が可能となると考えたためである。

さらに、メタバースワールドの作成と活用は、課題③「リアルな文化体験の機会の欠如」の改善に有効ではないかと考え、方法②「メタバースを活用した国際協働学修」の協働発表に、ワールドの作成と活用を導入した。その理由として、メタバースワールドはクラスメートの関心と発表者の目的に合わせて自由に編集と作成が可能だからである。また、ワールド内で主体的に視点を選択できるだけでなく、ワールド内のオブジェクトなどを通して異文化を能動的に体験することができるのではないかと考えたためである（図1.5）。

出典　筆者の依頼の下にTAが作成
図1.5　メタバース国際協働学修の概念図

　本稿では、図1.6に示すように、オンライン国際協働学修における課題とメタバース活用の利点（2節）やHMDを活用したメタバース国際協働学修の利点（3節）を紹介し、360度動画のライブストリーミング（4節）や、360度動画（5節）及びメタバースワールド（6節）を作成した異文化理解学修の取り組みを述べ、授業形態の違いによる学生の希望の差異（7節）を提示し、未来への展望（8節）を述べる。

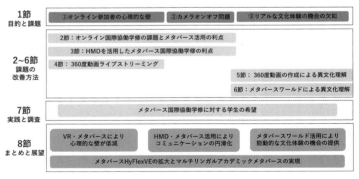

出典　筆者の依頼の下にTAが作成
図1.6　本研究の課題・改善方法と本稿の構成

第5章　VR・メタバースで世界をつなぐ国際協働学修の挑創

## 2. オンライン国際協働学修における課題とメタバース活用の利点
### 2.1　目的

　課題①「心理的な壁」と課題②「カメラオンオフ問題」の改善を目的として、方法②「メタバースを活用した国際協働学修」を実施した。本節では具体的な実践方法を紹介し、併せてその有効性を提示する。

　また、海外から参加する学生からリフレクション等を通して筆者に寄せられていた、オンライン国際協働学修における課題①「心理的な壁」と課題②「カメラオンオフ問題」について、海外の特定の学生だけでなく他の学生も同様に感じているのかどうかについても調査した。本節ではその点について調査した結果も併せて提示する。

### 2.2　方法

　2022年度前期に授業科目「多文化間コミュニケーション」、授業題目「マルチメディアで自文化紹介・異文化理解」として開講した授業にて質問票調査を実施した。授業ではグループワークとディスカッションにメタバースを活用した。130名20カ国の学生が本授業に国境を越えて参加した。学生130名中メタバース利用経験者は2名のみであり、その他全員が未経験者であった。

　本稿で使用したプラットフォームは以下の通りである。

　「2Dメタバース」は2Dのバーチャルオフィスである。本授業ではテーマ決定の際に利用し、学生が主体的にテーマを選べるようにした（林・北山2022）[4]。

　「3DメタバースA」はブラウザベースのメタバースプラットフォームである。ユーザーが3Dスペースを作成、共有し、他者とリアルタイムでインタラクションできる。VR対応であり、プログラミングや複雑なセットアップをせずにアクセス可能である。本授業では、HMDを装着せずにPC上での利用と、HMDを装着しての利用という、2種類のデバイスを用いて実践した。本稿では、前者を「3DメタバースA」、後者を「3DメタバースA＋HMD」と呼称する。

「3Dメタバース B」は教育やビジネスのために設計されたメタバースプラットフォームである。バーチャルオフィス、教室、イベントスペースを提供し、リアルタイムのコラボレーションとインタラクションをサポートすることが特徴である。

「3Dメタバース C」はユーザーが自由にカスタマイズ可能なアバターを使用し、多様なバーチャルワールドを探索できるメタバースプラットフォームである。豊富なインタラクションとソーシャルエクスペリエンスが特徴で、VR機器を使用することで没入感の高い体験が可能になり、PC上での利用も可能である。なお、「3Dメタバース C」は2022年後期より導入した。

「会議システム」はオンラインで使用する従来の会議システムをさし、2Dメタバースと3Dメタバースは含まない。

最終授業後に質問票調査を実施した。その際、回答結果は成績に無関係であり、自由に自分の意見を述べるよう明記した。有効回答数は112である。回答は1「いいえ/No」、2「－」、3「どちらとも言えない/Somewhat」、4「＋」、5「はい/Yes」の5件法で求めた。なお、回答者は全員本授業の期間中にオンラインで参加したことがある学生である。

## 2.3　結果と考察

### 2.3.1　カメラオンオフ問題とメタバースの活用による課題改善

協働学修でカメラをオンにしたいかどうかについて質問した。その結果、カメラをオンにしたいと思わない学生が非常に多かった（図2.1）。

また、会議システムでメンバー全員がカメラをオフにしているとき、協働学修でコミュニケーションが取りづらいと感じるかどうかについて質問した。その結果、カメラをオフにしている時の方がコミュニケーションを取りづらいと感じる学生がより多いことがわかった（図2.2）。

さらに、アバターに話しかけることは、メンバー全員がカメラオフの黒い画面に話しかけることに比べて、話しやすいと感じるかどうかについて質問した。その結果、アバターに話しかける方が、カメラオフの会議システムより話しやすいと回答した学生が非常に多かった（図2.3）。

第 5 章　VR・メタバースで世界をつなぐ国際協働学修の挑創

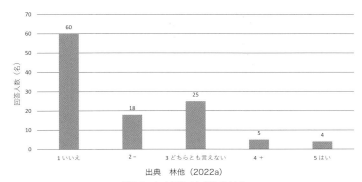

出典　林他（2022a）
**図 2.1　カメラをオンにしたいか**

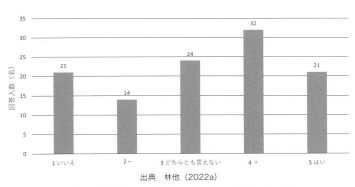

出典　林他（2022a）
**図 2.2　カメラオフではコミュニケーションが取りづらいか**

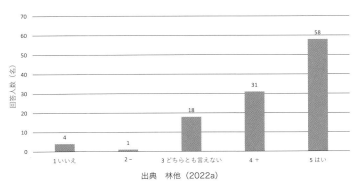

出典　林他（2022a）
**図 2.3　アバターの方が話しかけやすいか**

このように、カメラをオンにすることを希望していない学生が多く、カメラオフの会議システムよりアバターの方が話しかけやすいと感じていることが明らかとなった。よって、アバターでの交流が可能なメタバースの方がカメラオフ会議システムよりコミュニケーションが取りやすいのではないかと考える。

2.3.2　心理的な壁の問題とメタバースの活用による課題改善

対面・オンライン参加者が混在するHyFlex授業の協働学修において、オンライン参加者が対面参加者に対して「心理的な壁」を感じやすいと思うかについて質問した。その結果、心理的な壁を感じやすいという回答が多かった（図2.4）。1節で指摘した、筆者が学生からのコメントにより認識していた課題について、実際に参加している多くの学生が同様に感じていることが調査からも確認された。

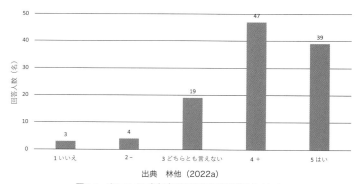

出典　林他（2022a）
図 2.4　オンライン参加者が心理的な壁を感じやすいか

メタバースを活用することでオンライン参加者の対面参加者に対する「心理的な壁」がより少なくなると思うかについて質問した。その結果、メタバースの活用によりオンライン参加者の対面参加者に対する心理的壁がより少なくなると考えている学生が非常に多かった（図2.5）。

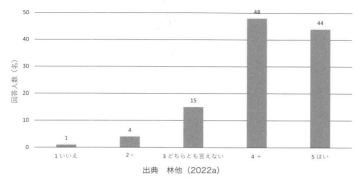

出典 林他（2022a）

**図 2.5 メタバースでは心理的な壁がより少なくなるか**

## 2.4 まとめ

本節は、心理的な壁（課題①）とカメラオンオフ問題（課題②）の改善を目的として、国際協働学修にメタバースを活用してグループワークやディスカッションを実施した（方法②）。

調査の結果、オンライン参加者は心理的な壁を感じやすいが、メタバースの活用によって心理的な壁をより感じにくくなることがわかった。また、会議システムでは、カメラをオンにしたいと思わない学生が非常に多い一方で、カメラをオフにしているときにコミュニケーションが取りづらいと感じている学生が多かった。加えて、メタバース上でアバターに話しかける方が、カメラオフ会議システムに比べて話しやすいと回答した学生が多かった。

以上から、メタバースの活用によってHyFlex授業の課題である心理的な壁（課題①）とカメラオンオフ問題（課題②）が改善できることがわかった。

一方で、メタバースの利用による新たな課題も見られた。メタバースで自分のリアクションをメンバーに伝えにくく、コミュニケーションを取りにくいと感じるかどうかについて質問した結果、リアクションを伝えにくいと感じている学生はさほど多くはないものの、一定数いることがわかった（図2.6）。

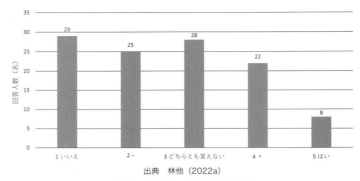

**図 2.6　リアクションを伝えにくいか**

　また、メタバースでメンバーのリアクションがわかりにくく、コミュニケーションを取りにくいと感じるかどうかについて質問した結果、どちらかといえば、リアクションがわかりにくいと感じている学生が多かった（図2.7）。

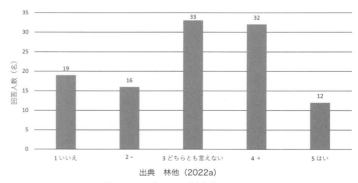

**図 2.7　リアクションがわかりにくいか**

　以上のことから、メタバースを活用することによってリアクションがわかりにくいと感じている学生が一定数いることがわかった。2.3.1において、メタバースはカメラオフの会議システムに比べてコミュケーションをとりやすいと感じる学生が多かったことを述べたが、そのメタバー

スの活用においても、リアクションの伝えにくさやわかりにくさという新たな課題の存在が確認された。この課題の改善に対しては、HMDを装着することで相づちや手振りなどの非言語情報を伝達することが有効であると考えられる。次節では、メタバース活用による当課題がHMDを装着することで改善するかについても検討する。

## 3. ヘッドマウントディスプレイを活用したメタバース国際協働学修の利点

### 3.1 目的

課題①「心理的な壁」、課題②「カメラオンオフ問題」の改善を目的として、方法②「メタバースを活用した国際協働学修」を実施した。本節では、方法②が課題①と②の改善に有効かを明らかにすることを目的とする。2節との違いは、HMDの装着が、課題①の改善やコミュニケーションの取りやすさに有効かを明らかにすることを目的としている点である。そのため、3DメタバースAはHMDを装着した場合と装着していない場合に分けて調査し、また、会議システムについてはカメラをオンにした時とカメラをオフにした時で分けて調査した。

### 3.2 方法

2022年度前期に授業科目「多文化間コミュニケーション」、授業題目「マルチメディアで自文化紹介・異文化理解」として開講した授業にて質問票調査を実施した。利用システムは、2Dメタバース、3DメタバースA、3DメタバースB、3DメタバースA＋HMD、会議システムである。希望者は発表後のグループディスカッションの時間にHMDを装着してディスカッションを行った。

学生にとっての各システムの使いやすさとHyFlex授業における協働学修の課題や満足度を調査することを目的として、協働学修利用のためのシステムを評価する指標には、「協働学修利用システム評価指標（System Evaluation Scale, 以下、SES）」を用いた。また、システムの使いや

すさに関する指標として、「System Usability Scale（SUS）」（Brooke,1996）を用いた。

　SESは本研究独自の指標である。心理的な壁やカメラオンオフ問題など、2021年前期にHyFlex授業を導入して以来学生のコメントなどから顕在化した課題を中心に、協働学修に重要な評価項目を検討した。そして、グループワークやディスカッションのしやすさなどインタラクティブな観点を測る項目を中心に取り上げ、10項目に絞った。

　調査対象としたシステムは、2Dメタバース、3DメタバースA、3DメタバースB、3DメタバースA＋HMDと会議システムである。また、カメラオンの会議システムとカメラオフの会議システムでは協働学修のしやすさが異なることが観察されたため、SESではカメラオンとオフを分けて質問した（以下、前者を「カメラオン会議システム」、後者を「カメラオフ会議システム」と呼称する）[5]。

　回答は、1「Strongly disagree」、2「Disagree」、3「Neutral」、4「Agree」、5「Strongly Agree」の5件法で求めた。SESは項目ごとに素点の平均を求め、各質問項目で得点を比較した[6]。

　質問項目は以下の通りである[7]。

　　①このシステムはアイスブレイクしやすいと思う
　　②このシステムはリアクションを伝えやすいと思う
　　③このシステムはディスカッションがしやすいと思う
　　④このシステムはメンバーとの間に心理的な壁を感じにくいと思う
　　⑤このシステムは同一空間にいるように感じやすいと思う
　　⑥このシステムはメンバーとの一体感（sense of unity）を感じやすいと
　　　思う
　　⑦このシステムは没入感（sense of immersion）を感じやすいと思う
　　⑧このシステムは臨場感（sense of presence）を感じやすいと思う
　　⑨このシステムは見ていて楽しいと思う
　　⑩このシステムは使っていて楽しいと思う

SUSはシステムの機能性や使いやすさ、導入のしやすさについて測定することを目的として様々なシステム評価に利用されている。SESと同様に5つのシステムについて調べた。

　SUSは奇数番号に肯定的質問、偶数番号に否定的質問が設けられており、奇数番号では素点が大きい方が、偶数番号では小さい方が、それぞれ高い評価となる。SUSの得点換算はそれぞれの肯定的質問の値から1を減じたものと、それぞれの否定的質問の値を5から減じたものとを各システムで合計し、さらに2.5倍したものが総合得点となる（Brooke,1996）。質問項目は以下の通りである[8]。

①I think that I would like to use this system frequently.
②I found the system unnecessarily complex.
③I thought the system was easy to use.
④I think that I would need the support of a technical person to be able to use this system.
⑤I found the various functions in this system were well integrated.
⑥I thought there was too much inconsistency in this system.
⑦I would imagine that most people would learn to use this system very quickly.
⑧I found the system very cumbersome to use.
⑨I felt very confident using the system.
⑩I needed to learn a lot of things before I could get going with this system.

　これらの質問票調査は、授業全体の振り返りとして最終授業のあとに実施した。その際、回答結果は成績に無関係であり、自由に自分の意見を述べるよう明記した。有効回答数は112である。

## 3.3 結果と考察

SESについて項目ごとにシステムを比較する[9]。全ての項目において、カメラオフ会議システムに対する評価はメタバースと比較して非常に低かった。ここでは、特に注目に値する項目に焦点を当ててグラフにして提示する[10]。

心理的な壁の感じにくさについての項目では、3DメタバースA＋HMDが最も心理的な壁を感じにくいと評価された（図3.1）。これはカメラオン会議システムより高い結果となった。HMDを装着したメタバースの活用により、心理的な壁の低減の一助となることが示された。また、すべてのメタバースがカメラオフ会議システムよりも高く評価された。これにより、オンライン協働学修における心理的な壁を低減するためにメタバースの活用が有効であることが示された。

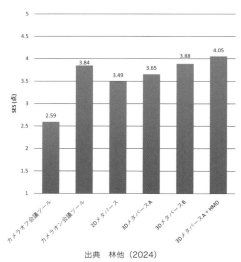

出典　林他（2024）
**図 3.1　心理的な壁を感じにくいか**

同一空間共有感覚に関する項目では、3DメタバースA＋HMDが最も評価が高く、HMDの装着がこの感覚の向上に貢献することがわかった

（図3.2）。また、すべての3Dメタバースがカメラオン会議システムよりも評価が高かった。このことから、メンバーとの同一空間の共有が重要視される協働学修などの学修活動において、メタバースの活用が有効であることが示唆された。

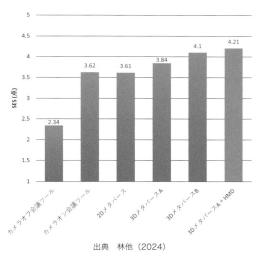

出典　林他（2024）
**図3.2　同一空間にいるように感じやすいか**

メンバーとの一体感を感じやすいかに関する項目では、3DメタバースBが最も高く、次に3DメタバースA＋HMD、3DメタバースAと続き、これらはカメラオン会議システムよりも高い評価であった（図3.3）。これにより、表情が見えるカメラオン会議システムよりも、3D空間内での協働学修の方が、メンバーとの一体感を高めることに貢献することが示唆された。

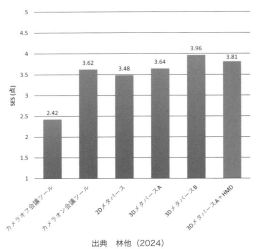

出典 林他（2024）
図 3.3 メンバーとの一体感を感じやすいか

　リアクションの伝えやすさに関する項目ではメタバースすべての中で3DメタバースA＋HMDが最も高い評価であった。このことから、2節において述べた、PCのみで利用する際には非言語情報が伝達しにくいという課題が、HMDの装着により改善する可能性が示唆された。その理由は、HMDの装着によって相づちや手振りなどの非言語情報が伝えやすくなることで、相手もよりリアクションがわかりやすくなると考えられるためである。

　SESの総合得点の結果は、3DメタバースBが74.08、3DメタバースA＋HMDが73.02、カメラオン会議システムが68.71、3DメタバースAが67.34、2Dメタバースが63.28、カメラオフ会議システムが38.39の順であった。3DメタバースA＋HMDと3DメタバースAの間には5ポイント以上の差があった。

　SUSの総合得点の結果は、会議システムが66.43、2Dメタバースが59.46、3DメタバースBが57.66、3DメタバースAが57.12、3DメタバースA＋HMDが49.71の順であった。3DメタバースA＋HMDの評価が

低かったのは、受講学生が130名と非常に多く、学期の期間中に1度しかHMDを装着できなかったことが原因の1つであると考えられる。

## 3.4 まとめ

本節は、心理的な壁（課題①）とカメラオンオフ問題（課題②）の改善を目的として、グループワークやディスカッションにメタバースを活用して国際協働学修を実施した（方法②）。その結果、利用した各システムに対する学生の評価を分析し、2節の調査よりさらに詳細にした本調査においても、メタバースの活用は心理的な壁とカメラオンオフ問題の改善に有効であることが定量評価から確認された。

まず、心理的な壁の感じにくさに加えて同一空間共有感覚や一体感について、HMDを装着したメタバースが最も高く、他のメタバースやカメラオン会議システムよりも評価が高かった。次に、HMDを装着したメタバースを含め、すべてのメタバースがSESの①〜⑩全項目において、カメラオフ会議システムに比べて有意に評価が高く、カメラオンオフ問題の改善にも有効であることがわかった。

加えて、HMDを装着して利用するメタバースは、PCのみで利用するメタバースに比べて、リアクションを伝えやすい、ディスカッションがしやすいなどの項目が高く、コミュニケーションをより円滑にすることが明らかとなった。

しかし、SUSではHMDを装着したメタバースは評価が低かった。サポートやチュートリアル動画を充実させて使いにくさの改善を図り、SES調査から明らかになったメタバースの利点を協働学修に活かしていくことが重要である。

本節最大の意義は、協働学修の諸活動におけるメタバースと会議システムの評価の差について具体的数値をもって明らかにし、国際協働学修におけるメタバース活用の有効性を示せた点にあると考える。

心理的な壁の低減、同一空間共有感覚の向上、没入感の促進、楽しさの向上といったメタバース活用の利点は、オンライン授業における学習

体験の質を高めるために必要な要素である。今後の教育技術の発展においてメタバースの活用は重要な役割を担うと期待される。

## 4. 360度動画ライブストリーミング
### 4.1 目的

　HyFlex授業を開始した際に、海外から参加する留学生から「教室にいないのがさびしい」とのコメントが寄せられた。そのため、教室の様子を伝えることで寂しさが少しでも軽減されることを期待して、VRカメラで教室の様子を撮影してリアルタイムで配信した。

　それ以前は教室参加者に向けて従来のカメラを設置して同時に動画の配信を行っていた。このように、従来のカメラを複数用意し、同時配信することで360度動画配信と同様のことが実現可能であると思われるかもしれない。

　しかし、従来の動画配信と360動画配信とでは以下の点が異なる。従来の動画配信では、教室にいる実施者側が設置した位置に視点が固定されており、海外から視聴する学生は主体的に視点を選ぶことができない。一方、360度動画であれば、どの角度を見るかを選択することが可能となる。

　加えて、HMDやVRゴーグルを活用することで、目の前に発表者や教室参加者などのクラスメートが映り、教室の中への没入感が高められることが期待される。また、海外の学生が自分の顔を動かすことで、PC上のマウス操作よりも、自然に近い形で視点を移動することができる。そのため、現実の教室での授業に臨んでいるかのような感覚、すなわち臨場感がより高まることが期待される。

　以上のことから、360度動画のライブストリーミングを行うことで、オンライン参加者の心理的な壁の課題改善に役立つのではないかと考えた。そこで、オンライン参加者の心理的な壁（課題①）の改善を目的として、VRカメラを活用した360度動画ライブストリーミング（方法①）を実施した。本節では、具体的な実践方法を紹介し、併せてその有効性を提示する。

## 4.2　方法

2021年度後期に授業科目「課題解決型(PBL)演習A」、授業題目「大学生活に役立つ敬語・日本語－留学生の視点から日本語を考える－」として開講した授業にて質問票調査を実施した。協働発表の際にオンライン参加者にとって対面に近い学習体験が可能となるように、VRカメラを対面参加者と同空間に配置し、360度動画をリアルタイムで配信した。具体的にはVRカメラで撮影した映像を、限定公開で動画配信サイトを通してリアルタイムで配信した。共有リンクを学生に送信すれば、学生は自分のPCやスマートフォンで360度動画として視聴可能となる。さらに、HMDやVRゴーグルを着用すれば、VR動画として視聴可能となる[11]。

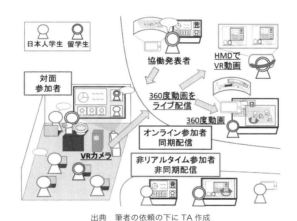

出典　筆者の依頼の下にTA作成
**図4.1　VRカメラを活用した教室のライブストリーミング**

授業の受講学生を対象とし、授業において本取り組みの趣旨を説明し、視聴方法を詳述したチュートリアルスライドを事前に送信した。360度動画のライブストリーミングについては授業時に実演して説明し、学生全員が視聴する時間を設けた。

最終授業終了後に質問票調査を実施した。回答学生のうち、海外学生

が8名、国内留学生が3名、日本人学生が18名であった。有効回答数は29である。質問は以下の通りである。

①教室の様子がわかりましたか
②臨場感（教室にいるような感じ）が高まりましたか
③聴衆の様子や反応はわかりましたか
④通信のタイムラグは大きかったですか
⑤視聴するのは大変でしたか

　回答は1「いいえ / No」、2「−」、3「どちらとも言えない / Somewhat」、4「＋」、5「はい / Yes」の5件法で求めた。

### 4.3　結果と考察

　調査結果を表4.1に示す。本調査ではこれらの選択肢の回答番号を点数とした。すなわち、回答が1「いいえ」の場合は1点とする。得られた結果を基に質問ごとの平均値と標準偏差を算出した。本取り組みは海外からオンラインで参加する学生の心理的な壁の課題改善を図ることが目的である。よって、主として海外学生の評価を中心に考察する。

表4.1　360度動画ライブストリーミングに対する海外学生の評価
出典　林（2022b）

| | 質問 | 海外学生 | |
|---|---|---|---|
| | | 平均値 | 標準偏差 |
| ① | 教室の様子がわかりましたか | 4.50 | 0.76 |
| ② | 臨場感（教室にいるような感じ）が高まりましたか | 3.88 | 0.64 |
| ③ | 聴衆の様子や反応はわかりましたか | 4.00 | 0.93 |
| ④ | 通信のタイムラグは大きかったですか | 2.00 | 1.20 |
| ⑤ | 視聴するのは大変でしたか | 1.75 | 1.16 |

質問①の教室の様子がわかったかに対する海外学生の平均値は4.50、質問③の聴衆の様子や反応はわかったかについては4.0と高い結果となった。質問②の臨場感（教室にいるような感じ）が高まったかについても3.88と一定の効果が得られた。質問④の通信のタイムラグは大きかったかに対しては2.0と低く、多くの海外学生がタイムラグをさほど感じなかったことがわかった。質問⑤の視聴するのは大変だったかについては1.75であり、視聴に対する困難さはさほど高くなかったことがわかった。

実際に海外学生からの自由記述には以下の回答が寄せられた。原文のまま掲載する。

- クラスメートと距離を縮めて、臨場感がありました。
- 教室を見ることができ、まるで自分も教室にいるように、うれしいです。
- 教室の映像を見ていると臨場感があります。学校に行けたらいいのに。

質問①と③より、360度動画のライブストリーミングは教室や学生の様子をよりリアルに伝えられることが示唆された。これにより、海外学生がオンライン授業では得られにくい対面参加の雰囲気を感じることができ、質問②の教室にいるような感じを享受できたのではないだろうか。教室でクラスメートと一緒に授業を受けているような感覚を得ることで、オンライン参加による心理的な壁の1つの原因であると考えられる孤独感を改善することにつながるのではないかと考える。また、質問④と⑤によりタイムラグの少なさや視聴の容易さから学生にとって負担の少ない方法であると考えられる。

## 4.4　まとめ

本節は、心理的な壁（課題①）の改善を目的として、VRカメラを活用した360度動画のライブストリーミング（方法①）を実施した。その結果、

海外からのオンライン参加者が教室の様子や聴衆の様子がわかり、より臨場感が高まったと感じていることが明らかになった。また、海外学生からは自由回答で「まるで自分も教室にいるように、うれしいです」とのコメントが寄せられた。

さらに、2022年後期には海外学生にVRゴーグルを送付し、VR動画の視聴を促したところ、教室の様子がわかり、加えて、高い没入感と臨場感が得られた旨のコメントが寄せられた。このことから、1.2項で述べた心理的な壁の改善に本方法が有効であることが示唆された。

ただし、VRカメラの活用だけで心理的な壁の改善を目指すのではなく、メタバースの活用など複数のVR技術を組み合わせることで当該課題の改善を目指すことが重要である。

## 5. 360度動画の作成による異文化理解学修

### 5.1　目的

課題③「リアルな文化体験の機会の欠如」の改善を目的として、方法③「VRカメラを活用した文化紹介の360度動画の作成と発表」を実施した。本授業の発表では、留学生にとって関心のあるテーマについて各グループで協働企画・作成した360度動画を活用した。これにより、視聴する学生が主体的に自分の視聴したい箇所を選択することができる。加えて、海外学生がHMDやスマートフォン用のVRゴーグルを利用してVR動画として視聴することで、従来の動画に比べて、より臨場感や没入感の高い異文化理解学修が可能となるのではないかと考えたためである。本節では、具体的な実践方法を紹介し、併せてその有効性を提示する。

### 5.2　方法

2021年度後期に授業科目「課題解決型（PBL）演習A」、授業題目「大学生活に役立つ敬語・日本語－留学生の視点から日本語を考える－」として開講した授業にて質問票調査を実施した。具体的には、VRカメラを利用して学生が360度動画を撮影した。発表時はPC用アプリケーショ

ンから音声付で画面共有し、発表者の任意の角度で360度動画を学生に提示した。加えて、撮影した複数の文化紹介動画をクラスのLearning Management System（以下、LMS）を通して非同期で配信し、学生が随時各自で視聴できるようにした。学生はPCやスマートフォンで開くことで360度動画として視聴可能である。さらに、VRゴーグルやHMDを装着すればVR動画として視聴可能となる。

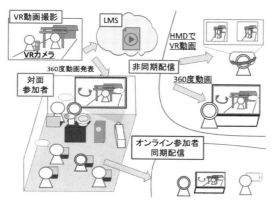

出典　筆者の依頼の下にTAが作成
図5.1　異文化理解学修における360度動画を活用した発表

4節では心理的な壁の低減のためにVRカメラを活用したが、5節では異文化理解を深めるためにVRカメラを活用した。また、4節で使用した動画はリアルタイムのライブストリーミングであるが、5節で使用した動画は予め授業時間外に撮影された録画である。

最終授業終了後に質問し、また、自由記述欄を設けて視聴の感想を聞いた。有効回答数は29である。質問は以下の通りである。

①2Dの動画にくらべて、没入感（その場にいるような感じ）はありましたか

②VRカメラを使って自分の国の文化を紹介したいと思いますか
③VRカメラを使って他の国の文化を紹介した動画を見たいと思いますか

　回答は1「いいえ/No」、2「−」、3「どちらとも言えない/Somewhat」、4「＋」、5「はい/Yes」の5件法で求めた。

## 5.3　結果と考察

　調査結果を表5.1に示す。本調査ではこれらの選択肢の回答番号を点数とした。すなわち、回答番号1「いいえ」の場合は1点とする。得られた結果を基に質問ごとの平均値と標準偏差を算出した。本取り組みは海外からオンラインで参加する学生のリアルな文化体験の機会の欠如の課題改善を図ることが目的である。よって、主として海外学生の評価を中心に考察する。

表5.1　360度動画を活用した異文化理解学修に対する海外学生の評価
出典　林（2022b）

|  | 質問 | 海外学生 平均値 | 海外学生 標準偏差 |
|---|---|---|---|
| ① | 2Dの動画にくらべて、没入感（その場にいるような感じ）はありましたか | 4.00 | 0.53 |
| ② | VRカメラを使って自分の国の文化を紹介したいと思いますか | 3.63 | 0.92 |
| ③ | VRカメラを使って他の国の文化を紹介した動画を見たいと思いますか | 4.13 | 0.64 |

　質問①の2Dの動画（以下、従来の動画と呼ぶ）に比べて没入感があったかについての質問の平均値を算出したところ海外学生は4.00であった。日本人学生の3.72、留学生の3.67に比べて海外学生の評価は高かった。海外学生から自由記述に以下のコメントが寄せられた。

- 他国の環境をより直感的に体験することができます。
- 1つの景色を見ることを強制されるのではなく、周りを見渡すことができるのは、自由な感じがしてとても気に入っている。

また、質問②のVRカメラを使って自分の国の文化を紹介したいかに対する海外学生の平均値は3.63、質問③のVRカメラを使って他の国の文化を紹介した動画を見たいかについては4.13であった。自国の文化をVRで紹介したいという回答より、他国の文化をVRで観たいという回答が多かった[12]。

また、オンラインのみで参加した日本人学生からも以下の自由記述回答があった。

- 実際の参拝の動きだけでなく、お社がどのようなところで、紅白の幕があって…というように、周囲の状況が実際にそこにいるかのようにわかり、非常におもしろいと思いました。このような、動作と周りの状況を同時に見られるような動画は、外国の人に自国の文化を紹介するのにとてもいい手段だと思いました。

以上から、360度動画の作成と活用は学生からのニーズが高いことがわかった。

## 5.4 まとめ

本節ではリアルな文化体験の機会の欠如（課題③）の改善を目的として、VRカメラを活用した文化紹介の360度動画の作成と発表を実施した（方法③）。その結果、従来の動画に比べて没入感についての評価が高かった。加えて、360度動画を活用した文化紹介の希望と、文化紹介のための360度動画の視聴の希望も多かった。

同様の検証を2023年前期の学生に追加調査したところ、印象に残った発表の理由として360度動画の活用を挙げる学生は、画像や従来の動

画を理由として挙げる学生に比べて多かった(Hayashi et al. 2023)。この結果からも、360度動画の作成と活用は文化体験の機会の提供の1つになり得ることが期待される。

## 6. メタバースワールドによる異文化理解学修

### 6.1　目的

　課題③「リアルな文化体験の機会の欠如」の改善を目的として、メタバースワールドの作成と活用を異文化理解学修に導入し、方法②「メタバースを活用した国際協働学修」を実施した。メタバースワールドはクラスメートの関心と発表者の目的に合わせて自由に編集と作成が可能である。また、ワールド内で主体的に視点を選択できるだけでなく、ワールド内のオブジェクト(対象物)、ギミック(ワールド内機能)、音声などを通して異文化を能動的に体験することが可能である。加えて、学生が発表のためにワールドを作成する過程で発表者自身の文化理解が深まることも期待される。そこで、本節では、具体的な実践方法を紹介し、併せてその有効性を提示する。

### 6.2　方法

　2023年度前期に授業科目「多文化間コミュニケーション」、授業題目「マルチメディアで自文化紹介・異文化理解」として開講した授業にて質問票調査を実施した。日本人学生17名、留学生13名、海外学生10名と、15カ国から40名の学生が参加した。海外学生は、ケニア、インドネシア、ベルギー、中国、シンガポールの協力校の学生であり、自国からメタバースを通じて参加した。各グループに海外学生が1名以上参加するようにグループを構成し、日本人学生、留学生並びに海外学生が混在したグループで、国境を越えて協働発表を行った。スライドによる説明に加え、学生達は自ら作成したメタバースワールドや、360度動画を活用して自国の文化とグループメンバーの国や地域の文化を比較しながら紹介した。

第5章　VR・メタバースで世界をつなぐ国際協働学修の挑創

　授業の前半では、学生が希望したテーマを基に6つのグループに分かれて協働発表を行った。そのうち、グループ1とグループ6の2グループがメタバースワールドを作成して発表した。

　グループ1のテーマは「伝統文化」である。発表者は神社の参拝方法等についてスライドと自作の動画で説明した後、鈴を鳴らす機能が付いた神社のワールドに入り、HMDを付けて参拝の方法を実演した。オーディエンスの一部の学生はHMDを装着し、その他の学生はPCからワールドに入って機能を体験した（図6.1）。

　グループ6のテーマは「祭り」である。発表グループのメンバーの国であるケニア、インドネシア、韓国、日本の各国の祭りに使用される伝統的楽器の3Dコンテンツを作成・利用した。オーディエンスである参加学生個々人が、各楽器に近付くことで、近付いた本人にその楽器の音色が聞こえるように設定されている。祭りや楽器の形状等をスライドで説明したあと、発表グループの学生が作成したワールドに全員で入った。学生は各国の楽器の形状を見ながら、その楽器の音色を体験することが可能である。

出典　筆者作成　ワールドは本授業受講生
**図 6.1　学生が作成したメタバースワールドの様子**

作成した学生2名は授業開始前にメタバースワールド作成の知識があったわけではなく、受講開始後にその方法を学んだ。

出典　読売新聞 2023 年 6 月 20 日朝刊「大学最前線」
図 6.2　メタバースワールドを活用した海外学生との協働発表と
　　　　ディスカッションの概念図 [13]

　前半の発表終了後に、印象に残っている発表を1から3位まで挙げるよう求めた（質問A）。また、それぞれのグループについて、何がどうして印象に残っているかを説明するよう求めた（質問B）。有効回答数は24である。

　調査結果を分析する際には、まず質問Aに対する回答内容について、1位として挙げられた票数と、1位から3位までの票をすべて総合した票数を集計した。次に質問Bに対する回答内容について、印象に残る理由として各メディアについて言及された数を集計した。その際、テキスト情報などのモノメディア、マルチメディア、その他の3つに分けた。さらに、マルチメディアは、画像、動画（360度動画以外）、360度動画、メタバースワールドという4つのカテゴリーに分けた。

## 6.3 結果と考察

質問Aの結果を図6.3に示した。最も印象に残ったグループ、すなわち1位では、メタバースのワールドを作成し活用して発表を行ったグループ1及びグループ6が高く、それぞれ12票および8票を獲得した。メタバースのワールド作成を行わなかった他の4つのグループの平均獲得票は1票だった。これは、メタバースワールドを作成したグループと作成していないグループとの間に顕著な差が存在することを示している。また、印象に残った1位から3位を総合した結果もグループ6及びグループ1が高く、それぞれ19票及び18票を獲得した。

また、質問Bの結果をまとめた表6.1が示す通り、最も印象に残ったグループ、すなわち1位では、多くの学生がその理由としてメタバースワールドを挙げていた。また、印象に残った1位から3位を総合した結果は、マルチメディアの4つのカテゴリーの中で、メタバースワールドが最も多く、次いで360度動画、従来の動画、画像の順であった。このことから、発表にメタバースワールドを使用したグループは、クラスメートにより強い印象を残す傾向にあることが明らかとなった。

なお、360度動画は従来の動画や画像の視聴に比べて自分の見たい角度で見ることが可能であり、視点を主体的に選択できるという利点があるが、メタバースワールドに比べて、空間内での能動的な体験ができない。メタバースワールドでは参加者が鈴を鳴らす、各国の楽器の音を聞くなど、より直接的な体験を能動的に行うことができる。本調査の結果、メタバースワールドが最も高い評価を受け、次に360度動画、従来の動画、そして画像の順であった。これにより、体験の能動性の高さと学生の評価の高さの間には一定の相関関係が存在することが示唆された。

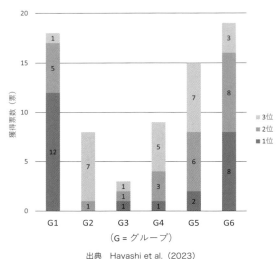

出典　Hayashi et al.（2023）
**図 6.3　印象に残った発表グループの順位**

**表 6.1　発表が印象に残った理由**
出典　Hayashi et al.（2023）

|  | モノメディア | マルチメディア | | | | その他 |
|---|---|---|---|---|---|---|
|  |  | 画像 | 動画（360度動画以外） | 360度動画 | メタバースワールド |  |
| 1位 | 8 | 1 | 6 | 0 | 18 | 3 |
| 2位 | 13 | 1 | 0 | 3 | 12 | 1 |
| 3位 | 14 | 2 | 0 | 7 | 2 | 7 |
| 合計 | 35 | 4 | 6 | 10 | 32 | 11 |
|  |  | 52 | | | | |

　本授業において学生がメタバースワールドを作成し、国際協働発表を行ったところ、学生からメタバースワールドに対する肯定的なコメントが多く寄せられた（林他 2023a）。

・このメタバースの中の神社は本物のように、私が本当に日本に行って、本物をみる感じがあります。オンライン授業で、メタ

バースの素晴しさを感じました（海外学生）。
- Being able to see a whole world so detailed created in VRC was truly breathtaking. It made me understand and follow even better what they explained beforehand（留学生）．
- The ability to join with the HMD and watch the presentations in VRChat was very nice（留学生）．
- VRのワールドで実際に楽器の音色を聞くことが出来たときはとても興奮しました。日本太鼓と同じ打楽器でも音色が新鮮なものや、異国を彷彿とさせる音色など、聞き比べてみることで新たな発見もありました（日本人学生）。
- ある学生が1人でVRワールドを作り上げたことがとても印象に残っています。私もVRワールドを作ることに挑戦してみたいです（留学生）。

## 6.4　まとめ

　本節では、リアルな文化体験の機会の欠如（課題③）の改善を目的として、メタバースワールドの作成と活用を異文化理解学修に導入し、メタバースを活用した国際協働学修を実施した（方法②）。その結果、メタバースワールドを作成し活用したグループの発表が最も印象に残る結果となった。さらに、印象に残る理由として最も多く挙げられたのはメタバースワールドであった。

　マルチメディアを使用することは、文字だけのモノメディアを使用する場合よりも、人々の印象に残りやすいことが示唆された。特に言語の壁が存在する国際協働学修の場合、テキストだけでなくマルチメディアを利用することで学生の理解を深めることが期待される。マルチメディアの中でも、メタバースワールドは、360度動画、従来の動画、画像に比べて、学生に最も能動的な体験を提供する。具体的には、学生はワールド内で、自分で行きたい場所に身体を動かし、主体的に異文化体験をすることが可能になる。

また、発表グループ内においても、メタバースワールドの作成を通して、技術や知識の共有によって交流が活発化する様子が見られた。さらに、発表者のワールドを体験したことで、授業の後半の発表においてワールド作成を希望する学生が大幅に増加した。ワールド作成初心者であっても自発的に基礎的な知識を吸収し、発表に活用できることが確認できた。本取り組みの結果から、メタバースワールドの作成と活用は文化体験の機会の提供の1つになり得ることが示唆された。

　今後は、希望する学生がワールドを作成できるようにチュートリアル動画などを増やすことや、国境を越えて1つのワールドを作成するための協働作成環境を整備することが求められる。

## 7. メタバース国際協働学修に対する学生の希望

### 7.1　目的

　メタバース国際協働学修に対する学生の希望を明らかにすることを目的として、他の授業形態と比較して調査した。本節ではその結果を提示する。

### 7.2　方法

　2022年度後期に授業科目「多文化特定課題」授業題目「敬語・日本語－メタバースで世界の言語と比較する」として開講した授業にて質問票調査を実施した。参加学生は、日本人学生が20名、留学生が10名、海外協力校から参加した学生が10名（インドネシア、中国、ベトナム、ケニア、ベルギーの協力校の学生）、国内提携校からのオンライン参加の学生が1名、計41名であり、合計10か国の学生が参加した。15回の授業を通して使用したメタバースは2Dメタバース、3DメタバースB、3DメタバースC、HMDを装着した3DメタバースCである。

　質問票調査は最終授業後に実施した。質問項目は以下の①〜⑤である[14]。

①オンライン参加が不可能で、参加者全員が教室で協働する「対面国際共修」授業に参加したいか。
②対面参加が不可能で、参加者全員がオンライン上で協働する「オンライン国際共修」授業に参加したいか。
③対面参加者とオンライン参加者が協働する、対面参加とオンライン参加が可能な「HyFlex国際共修」授業に参加したいか。
④対面参加者とオンライン参加者がメタバース上で協働する国際共修授業に参加したいか。
⑤対面参加者と、海外学生を含むオンライン参加者がメタバース上で協働する国際共修授業に参加したいか。

それぞれの項目についてしたいかどうかを5段階で回答するように記載した。回答は1「いいえ/No」、2「－」、3「どちらとも言えない/Somewhat」、4「＋」、5「はい/Yes」の5件法で求めた。なお、参加したことがない場合は想定して回答するよう依頼し、回答結果は成績とは無関係であることを明記した。

## 7.3　結果と考察

質問票調査結果のうち日本人学生の授業形態に対する希望の平均値を算出し、図7.1に示す。図中の「対面」とは、参加者全員が教室で協働し、オンライン参加が不可能な授業をさす。「オンライン」とは、参加者全員がオンライン上で協働し、対面参加が不可能な授業をさす。「HyFlex」とは、対面参加者とオンライン参加者が協働する授業をさす。「メタバースHyFlex」とは、対面参加者とオンライン参加者がメタバース上で協働する授業をさす。「メタバースHyFlexVE」とは、対面参加者と海外学生を含むオンライン参加者がメタバース上で協働する授業をさす。

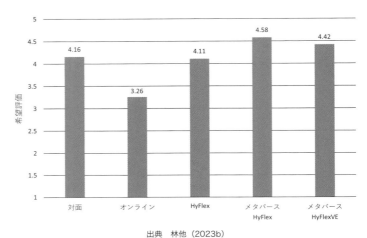

出典　林他（2023b）
図 7.1　日本人学生の授業形態の希望

　日本人学生の授業形態の希望は、メタバース HyFlex が 4.58 と最も高く、メタバース HyFlexVE が 4.42、対面が 4.16、HyFlex が 4.11 と続き、オンラインが 3.26 と最も低かった。

　日本人学生の授業形態に対する希望を比較すると、1位のメタバース HyFlex と最下位のオンラインの間には非常に強い有意差が見られた（p<0.0089）。また、2位のメタバース HyFlexVE とオンラインの間には有意差が見られた（p<0.0213）。なお、3位の対面とオンラインの間には有意差は見られなかった（p<0.209）[15]。

　以上の結果は、オンラインのみの国際協働学修よりも、メタバースを活用した国際協働学修を日本人学生が希望していることを示している。

## 7.4　まとめ

　VE をする際に会議システムで実施する方法もあるが、今回の結果から、会議システムの利用よりもメタバースの利用の方が、日本人学生の希望が高いことがわかった。また、HyFlex とオンラインを比較すると、日本人学生は会議システムのみによる国際協働学修よりも、対面参加も

可能なHyFlexを希望していることがわかった。

しかし、HyFlexは1.2項で述べたように、海外から参加するオンライン参加者に心理的な壁を感じさせ得るという課題がある。そこで、海外学生への配慮のために、メタバースHyFlexという授業形態を模索し、日本人学生をはじめ、海外学生や協力校の先生方と一緒に挑戦し、協力して本授業形態を創り上げてきた。

本授業は操作の難易度の高さにもかかわらず、受講する日本人学生から高い評価を受けた。2022年度後期には初めて海外学生との協働学修が導入されたが、これには日本人学生、海外学生双方が慣れる必要があり、さらに授業を実施する側も新しい授業方法に挑戦している段階であった。今後、授業実施側がこの新しい授業方法に習熟するにつれて、メタバースHyFlexVEへの学生の希望がさらに向上する可能性が見込まれる。

また、今回の調査では海外学生の有効回答を十分に集めることができなかった。しかし、海外学生の希望を知ることは本取り組みの発展のために必要である。そのため、海外学生の本授業形態に対する希望調査を継続的に実施する。

## 8. おわりに
### 8.1 本取り組みのまとめ

本稿ではVR・メタバースを活用し、海外からの複数の国や地域の学生が国境を越えてリアルタイムで参加する国際協働学修の実践方法とその効果を提示した。本取り組みはCOVID-19を契機として開始したが、海外協力校とのメタバースHyFlexVEとして現在さらに拡大中である[16]。

VEの実施によって、海外に留学することが困難な日本人学生に、多くの国や地域の学生と日本国内にいながら協働学修する機会を提供できる。また、渡日困難な海外学生に日本人学生との交流の機会を提供し得るという利点がある。これは、オンライン国際協働学修でも可能であるが、7節で提示したように、会議システムを活用した国際協働学修より、メタバースを活用した国際協働学修であるメタバースHyFlexVEの方が

学生の希望が高かった。

　また、HyFlex授業により日本人学生の対面参加とオンライン参加の両立が可能となった。それにより、海外からの参加が可能となり、多くの国や地域の学生が海外からリアルタイムで参加するHyFlexVEの実施が可能となった。HyFlexVEには心理的な壁やカメラオンオフ問題などの課題が生じたが、VR・メタバースを導入したメタバースHyFlexVEによってこれらの問題が改善された。

　メタバースは物理的な制約を超え、異なる文化的背景を持つ世界中の学生たちが同一空間共有感覚を高めながら同じ空間で学ぶことを可能にする。例えば、130名の学生がメタバース内で国境を越えてリアルタイムに協働学修することで、知識と交流を深め、物理的な空間の制約を超える新たな学修の形態を実現できる。

　さらに、メタバースHyFlexVEにおける国際協働発表にメタバースワールドの作成と活用を導入したことにより、リアルな文化体験の機会の欠如の課題改善のみならず、現実には体験が困難あるいは不可能なことも体験することが可能となった。

　例えば、世界のLGBTQの取り組みを比較して紹介したグループは、自分たちが設定したディスカッションテーマに合わせて、渋谷と成田空港のジェンダーレストイレを1つのメタバースワールドの中に再現した。学生たちはワールド内に入って自分たちの視点と意志で能動的に体験し、比較して考察した。このように、物理的に離れた空間にあるために併置して比較することが困難な施設をメタバース空間上で疑似体験し、一度に比較検討することが可能となる。

　加えて、国境を越えたワールドの協働作成によって国際的な協創を可能とする。例えば、6節で紹介した世界の祭りの音楽のワールドでは、学生が紹介したい文化に絞ってカスタマイズしてワールドを作成した。参加学生は複数の国の楽器の形状と音色の疑似体験を通して各楽器を同時に比較し、その違いを考察することができる。このように、メタバースの導入によって対面授業や現実ではできない体験が可能となる。

## 8.2　未来への展望

　本シンポジウムは未来社会デザインプログラムとして開催した。そのため、本項では未来の教育への展望を述べる。VR・メタバースを活用した国際協働学修には2節～7節で述べた利点がある一方で、さらに改善すべき課題もある。その1つが、必要となる機能を網羅しているシステムが存在しないという点である。国際協働学修において必要な要素である円滑なディスカッションのための、少人数グループのセッションが行えるワープ可能な個別ルームなどの設定や、参加の場所や形態等の制限を受けることなく円滑にコミュニケーションや発表を行うための手段の提供が挙げられる。教育利用に必要な機能を有し、誰もが簡単に利用できるシステムの開発が求められる。

　また、国際協働学修の課題の1つに言葉の壁が交流を妨げることが挙げられる。2022年度前期の受講学生を対象とした調査で、協働学修において言葉の壁が原因でコミュニケーションが取りにくいと感じるかを質問した。その結果、多くの学生が言葉の壁を感じていることがわかった（図8.1）。

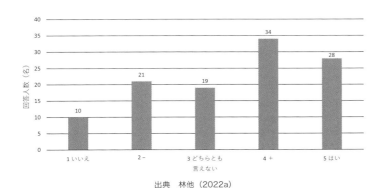

出典　林他（2022a）

**図 8.1　言葉の壁によりコミュニケーションが取りにくいか**

また、言葉の壁により国際協働学修の授業を受講しにくいと感じるかについて質問した。その結果、受講しにくいと感じている学生が多いことがわかった（図8.2）。

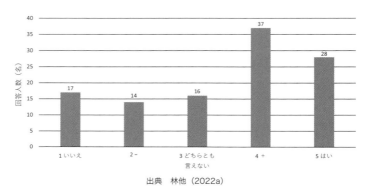

出典　林他（2022a）

**図 8.2　言葉の壁により協働学修の授業を受講しにくいか**

　さらに、言葉の壁の問題がなければ母語以外の国際協働学修に、より積極的に参加できるようになると思うかについて質問した。その結果、協働学修において言葉の壁の問題がなければ積極的に参加可能となると考える学生が非常に多かった（図8.3）。

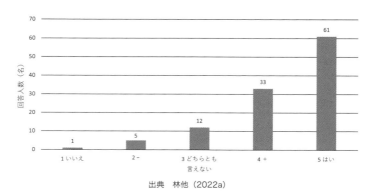

出典　林他（2022a）

**図 8.3　言葉の壁がなければより参加しやすいか**

英語能力がないために英語での国際協働学修に参加しにくい、あるいは日本語能力がないために日本語での国際協働学修に参加しにくいと受講を躊躇してしまうことは、日本人学生と留学生に共通して見られる。

目指すべきは、どの言語背景を持つ者であっても参加可能な国際協働学修環境の構築である。言葉の壁の課題をメタバースの活用によって改善し得るのではないかと考える。具体的には、参加者が話した内容をリアルタイムに文字化して翻訳し、元の言語と翻訳後の言語の両方を吹き出しとしてメタバース空間に表示する仕組みが求められる。これにより、交流したい相手の顔の付近に発話内容とその翻訳が提示され、相手の顔を見ながら発話内容を理解することが可能となる。

国際協働学修の授業を自分の学習言語レベルに合わせて受講することが可能になれば、初年次には日本語と英語の2言語表示を選択し、その後英語表示のみに挑戦するというように、言語学習にも応用可能であると考えられる。今後はこのようなシステムや構想を実現させるマルチリンガルなアカデミックメタバースの構築とその効果的活用が望まれる。このシステムの実現によって、国境と言語の壁に妨げられることなく誰でも国際協働学修に参加可能となる。これにより、海外の学生の参加の増加が期待でき、広範囲での国際交流が可能な環境を提供することにつながっていく。

また、メタバースHyFlexVEは世界各国の様々な地域からも実施することが可能である。実際、筆者は海外の複数の大学において本学の学生と海外学生を対象に、メタバースHyFlexVEの授業を対面で実施した。この事例から、地理的な制約を超えて世界中のどこからでもメタバースHyFlexVEが実施可能であることが示された。

マルチリンガルなアカデミックメタバースの実現とメタバースHyFlexVEの拡大により、国際交流関係以外の科目もメタバースHyFlexVEの授業として開講できるようになる可能性がある。例えば、政治や経済、諸外国語の授業において海外の学生との意見交換や交流の機会を取り入れることが可能となる。また、特定の授業の回だけを国際

協働学修とするような方法も考えられる。

　加えて、VR・メタバースを活用して大学同士をつなげる取り組みは、1つの大学で単位を取得するという従来の枠組みを超えるものとなるだろう。例えば、メタバース HyFlexVE が仙台校、パリ校、北京校という形で展開され、学生が好きな場所で、好きな言語を選び、授業を受けることができる環境の実現が期待される。これにより、SDG 4「質の高い教育をみんなに」への貢献につながると考えている。

　さらに、国際協働学修への参画が具体的な留学機会への橋渡しとなる可能性があると考えられる。本取り組みへの参加が契機となり、異文化間の相互理解や言語能力の向上を通して、学生が実際の留学を希望する動機付けに寄与し、冒頭で述べた政府の方針に貢献することが期待される。

注

1) Virtual Exchange（VE）は、佐藤（2022）で「地理的に離れた人々がオンラインでつながり、協働し、学び合うことを目的とした教育的な活動」と説明されている。本稿における「メタバース国際協働学修」のうち、海外の協力校と実施した国際協働学修を「メタバース VE」と呼ぶ。さらに、HyFlex 授業形態で実施したメタバース VE を「メタバース HyFlexVE」と呼ぶ。
2) 文部科学省（2023）の「大学・高専における遠隔教育の実施に関するガイドライン」では、「(2) 遠隔授業を活用した新たな取組の紹介」として当内容が掲載されている（pp.5-6）。下線は筆者による。また、当ガイドラインに付属の「高等教育段階における遠隔教育の実態に関する調査研究 調査報告書 第 6 章先進的な取組事例について」の箇所に「メタバース空間、アバターを活用した国際協働学修の実施」というタイトルで、本取り組みが紹介されている（pp.125-126）。図 1.2 の写真の掲載は筆者による。
3) オンライン参加者がグループメンバーとコミュニケーションを取りにくいということは、会議システムのみを用いて授業を実施した際にも生じた課題であった。
4) 「メタバース」は、狭義では主として 3D プラットフォームをさすことが多いが、仮想空間とも言われており、2D の仮想空間もメタバースとして言及されることがある。本稿でも 2D の仮想空間をメタバースに含めている。
5) SUS はシステム自体について評価する調査方法であるため、カメラオンとオフを分けた調査は行っていない。
6) SUS は肯定的評価の質問と否定的評価の質問が交互に配置されているが、SES はすべて肯定的評価としている。これは、SES では留学生を含む回答者の回答負担の軽減を優先したためである。
7) 質問票調査には「心理的な壁」などの用語説明を付した。
8) なお、本調査ではこれら原文とともに日本語訳も付した。その際、ネイティブスピー

第 5 章　VR・メタバースで世界をつなぐ国際協働学修の挑創

カー 1 名に確認しながら日本語訳を作成し、その後日本語英語バイリンガル話者 2 名に日本語訳が適切であるかを質問し、2 名の指摘を参考に作成した。また判断が分かれる場合は、[ ] を付けて訳語を 2 つ付した。
9）3 節における検定手法は、メタバースやシステムを SUS は 5 つに、SES は 6 つに分類し、Bonferroni の多重比較を実施した。統計解析には、統計ソフト EZRv1.61（Kanda 2013）を使用した。EZR は R および R コマンダーの機能を拡張した統計ソフトウェアである。
10）全項目の詳細なデータについては、林他（2024）参照していただきたい。なお、没入感や臨場感の高さなども 3D メタバース A ＋ HMD はカメラオン会議システムより評価が高かったが、今回は紙幅の都合上、3 点に絞ってグラフを掲載した。
11）2022 年後期は海外学生に VR ゴーグルを送付し、VR 動画視聴についてインタビュー調査を実施した。
12）③の質問への回答は日本人も 4.11 と高く、留学生、日本人学生を問わず多くの学生が他国の文化を紹介した 360 度動画を見たいと回答している。
13）読売新聞と学生に掲載の許可を得た。なお、海外のオンライン参加者の説明には「体験」とのみ表記されているが、「発表」も行っている。
14）質問票調査には授業科目として使用されている「国際共修」の用語を使用した。林他（2023b）では当該授業を「国際共修」と呼称しているが、本稿では「国際協働学修」で統一している。
15）7 節における検定手法は、授業形態の違いに対する質問項目①〜⑤間には Friedman 検定を用いて分散分析を行い、さらに Bonferroni の多重比較を実施した。統計解析には、統計ソフト EZRv1.61（Kanda 2013）を使用した。EZR は R および R コマンダーの機能を拡張した統計ソフトウェアである。
16）2023 年度よりマイクロクレデンシャルを導入した。一定の要件を満たした海外協力校の学生にはオープンバッジが付与される。

## 付記

東北大学知の創出センター未来社会デザインプログラムに「Contributions of XR Technology to Education and Society: The Metaverse and International Collaborative Creation XR技術の教育・社会貢献－メタバースと国際協創－」という企画として採択され、多くの研究者、教育者、省庁企業の関係者にご参集いただき、2022 年度に第 1 回国際シンポジウム「International Symposium 1: The Metaverse and XR Technology–Educational Applications and International Collaboration メタバース・XR技術の教育利用と国際協創」を開催することが可能となった。本稿は、2022 年 12 月 2 日のシンポジウムの講演内容と、以下の内容を基に大幅に加筆修正したものである。節との対応関係は以下の通りである。

第1節

林雅子（2022）「VR技術を活用した協働型HyFlex国際共修授業」国立情報学研究所（NII）第46回「教育機関DXシンポ」講演資料.

林雅子（2022）「メタバースで世界をつなぐ国際協働学修の実践」国立情報学研究所（NII）第51回「教育機関DXシンポ」講演資料.

第2節

林雅子，吉田洋輝，丸山直紀，鈴木竹洋（2022）「メタバースを活用した国際協働学修の利点と課題－学習者のリフレクションを基に－」『東北大学高度教養教育・学生支援機構言語・文化教育センター年報』第8号，pp. 78-86.

第3節

林雅子，吉田洋輝，大岡凌，鈴木竹洋（2024）「ヘッドマウントディスプレイを活用したメタバース国際協働学修：学生によるシステム評価の定量的分析」『東北大学高度教養教育・学生支援機構紀要』第10号，pp. 43-52.

第4節・第5節

林雅子（2022）「VR技術を活用した国際共修授業の実践」『東北大学高度教養教育・学生支援機構言語・文化教育センター年報』第8号，pp. 88-92.

第6節

林雅子，鈴木竹洋，川田裕貴，吉田洋輝（2023）「学修者作成のメタバースワールドによる国際協働発表を通した異文化理解教育」『日本教育工学会第43回全国大会講演論文集』，pp. 575-576.

Masako Hayashi, Takehiro Suzuki, Yuki Kawata & Keisuke Goto (2023) 'The Impact of Metaverse Worlds on International Collaborative Learning for Cross-Cultural Understanding'. The 31st International Conference on Computers in Education, pp. 896-898.

第7節

林雅子，齋藤海流，川田裕貴，小林央，鈴木竹洋（2023）「メタバースを

活用したHyFlex国際共修授業に対する学生への調査結果－海外の協力校と提携した協働学修－」『東北大学言語・文化教育センター年報』第9号，pp.72-76.

第8節

林雅子（2022）「メタバースで世界をつなぐ国際協働学修の挑創」東北大学知のフォーラム未来社会デザインプログラム『XR技術の教育・社会貢献 －メタバースと国際協創－』「第1回 国際シンポジウム：メタバース・XR技術の教育利用と国際協創」講演.

なお、本研究は東北大学高度教養教育・学生支援機構研究倫理審査委員会の審査を経て実施している。

謝辞

　本研究は、公益財団法人高橋産業経済研究財団助成、一般財団法人放送大学教育振興会助成、東北大学研究推進・支援機構知の創出センター未来社会デザインプログラム、東北大学電気通信研究所共同プロジェクト研究、東北大学男女共同参画推進センターの助成によるものです。授業の実施に際し、滝澤博胤先生、北村喜文先生、五十嵐大和先生にご支援いただきました。また、本稿をまとめるにあたり、丸山直紀氏、常田泰宏氏、吉田洋輝氏、大岡凌氏、鈴木竹洋氏、川田裕貴氏、齋藤海流氏、小林央氏、後藤啓佑氏、葉山弘一氏、梅村佳明氏、鈴木鴻志朗氏の協力を得ました。2Dメタバースと3DメタバースAのワールドは大岡氏が、3DメタバースCのワールドは川田氏が、グループ1のワールドはドルトムント大学留学生のMarvin Eder氏が作成しました。また、図の作成にあたり、TAの葉山氏、常田氏、脇田陽平氏、大岡氏が協力くださいました。TA諸氏・学生をはじめ、ご協力くださったすべての方々に感謝申し上げます。

参考文献

朝日新聞デジタル（2023）「授業はメタバース空間で 学生のアバター同士が議論するスタイルへとオンラインが進化」
https://www.asahi.com/thinkcampus/article-100423/（参照日2023.06.20）．

雨宮智浩（2021）「東大VRセンターによるVR技術を活用したオンラインライブ講義の実践」『映像情報メディア学会誌』Vol.75, No.6, pp. 697-701.

雨宮智浩，青山一真，伊藤研一郎（2021）「遠隔講義における講師アバタの見かけによって変化する受講希望度が授業への積極的参加行動に与える効果－オンライン授業への導入事例－」『日本バーチャルリアリティ学会論文誌』Vol.26，No.1，pp. 86-91.

Brooke J. (1996) "SUS - A quick and dirty usability scale", Usability Evaluation in Industry, 189, pp. 4-7.

長谷川晶一（2022）「口頭発表から懇親会まで-コミュニケーションの種類とオンラインコミュニケーションツールとアバター」国立情報学研究所（NII）第50回「教育機関DXシンポ」講演資料．

林雅子（2020）「東北大学における日本語カリキュラムの概要と国際共修科目」，第13回大阪大学専門日本語教育研究協議会「留学生大量受け入れ新時代の大学における日本語カリキュラムの再考」報告書，pp. 5-15.

林雅子（2021）「留学生の学修機会拡充を目指したハイフレックス（HyFlex）型国際協働学修授業」『留学生教育学会2021年大会口頭発表予稿集』．

林雅子，荒武聖，脇田陽平，常田泰宏，吉田洋輝（2021）「ハイフレックス（HyFlex）型国際共修授業における対面・オンライン混在協働発表の環境構築」『日本教育工学会第39回全国大会講演論文集』，pp. 147-148.

林雅子（2022a）「VR技術を活用した協働型HyFlex国際共修授業」国立情報学研究所（NII）第46回「教育機関DXシンポ」講演資料．

林雅子，脇田陽平，荒武聖，常田泰宏，吉田洋輝（2022）「国際共修授業におけるVRカメラを活用した「協働型HyFlex授業」の環境構築」『日本教育工学会 第40回全国大会講演論文集』，pp. 193-194.

林雅子・脇田陽平（2022）「ソーシャルVRプラットフォームを活用した協働型HyFlex国際共修授業－Mozilla Hubsのグループディスカッションへの導入事例－」『東北大学言語・文化教育センター年報』第7号，pp. 7-12.

林雅子・北山晃太郎（2022）「ソーシャルVRプラットフォームGatherを活用

した協働型HyFlex授業における学生主体のテーマ・グループ決定－課題解決型PBL国際共修授業における導入事例－」『東北大学言語・文化教育センター年報』第7号，pp. 1-6.

林雅子（2022）「メタバースで世界をつなぐ国際協働学修の実践」国立情報学研究所（NII）第58回「教育機関DXシンポ」講演資料．

林雅子，吉田洋輝，丸山直紀，鈴木竹洋（2022a）「メタバースを活用した国際協働学修の利点と課題－学習者のリフレクションを基に－」『東北大学言語・文化教育センター年報』第8号，pp. 78-86.

林雅子（2022b）「VR技術を活用した国際共修授業の実践」『東北大学言語・文化教育センター年報』第8号，pp. 88-92.

林雅子（2022）「メタバースで世界をつなぐ国際協働学修の挑創」東北大学知のフォーラム未来社会デザインプログラム『XR技術の教育・社会貢献－メタバースと国際協創－』「第1回 国際シンポジウム：メタバース・XR技術の教育利用と国際協創」講演．

林雅子，常田泰宏，脇田陽平，吉田洋輝（2023）「国境を越えた協働型HyFlex発表法に関する調査研究－国際共修授業における学生のニーズ分析を基に－」『東北大学高度教養教育・学生支援機構紀要』第9号，pp. 131-140.

Masako Hayashi(2023) "Multimedia based introduction of culture and intercultural understanding – connecting the world in the metaverse for international collaborative learning" The 17th International Conference of the European Association for Japanese Studies (EAJS).

林雅子（2023）「メタバースによる国際協働学修の実践報告」『令和5年度私情協 教育イノベーション大会資料』，pp. 183-192，公益社団法人 私立大学情報教育協会 テーマ別意見交流分科会Ⅰメタバースによる大学授業活用事例の紹介．

林雅子，鈴木竹洋，川田裕貴，吉田洋輝（2023a）「学修者作成のメタバースワールドによる国際協働発表を通した異文化理解教育」『日本教育工学会第43回全国大会講演論文集』，pp. 575-576.

林雅子（2023）「メタバースで世界をつなぐ日本語教育の挑創」『台湾日本語教育学会創立30周年記念2023年台湾日本語教育研究国際シンポジウムDX時代における日本語教育の挑戦と課題会議予稿集』，pp.11-19，基調講演．

Masako Hayashi, Takehiro Suzuki, Yuki Kawata & Keisuke Goto (2023) "The Impact of Metaverse Worlds on International Collaborative Learning for Cross-Cultural Understanding", The 31st International Conference on Computers in Education, pp. 896-898.

林雅子，齋藤海流，川田裕貴，小林央，鈴木竹洋（2023b）「メタバースを活用したHyFlex国際共修授業に対する学生への調査結果－海外の協力校と提携した協働学修－」『東北大学言語・文化教育センター年報』第9号，pp. 72-76.

林雅子，脇田陽平，常田泰宏，吉田洋輝（2023）「国外・国内学生の協働型HyFlex 国際共修授業の実践と調査」『東北大学言語・文化教育センター年報』第9号，pp. 77-86.

林雅子，吉田洋輝，大岡凌，鈴木竹洋（2024）「ヘッドマウントディスプレイを活用したメタバース国際協働学修：学生によるシステム評価の定量的分析」『東北大学高度教養教育・学生支援機構紀要』第10号，pp. 43-52.

Kanda, Y. (2013) "Investigation of the freely available easy-to-use software 'EZR' for medical statistics", Bone Marrow Transpl Vol.48, pp. 452-458.

森田裕介，長濱澄，大秦一真，田尻圭佑（2020）「ヘッドマウントディスプレイを用いた全天球画像の提示による実空間再現性に関する一考察」『日本教育工学会論文誌』43(Suppl.)，pp. 129-132.

末松和子，秋庭裕子，米澤由香子編（2019）『国際共修：文化的多様性を生かした授業実践へのアプローチ』東信堂．

文部科学省（2023）「大学・高専における遠隔教育の実施に関するガイドライン」．2023年3月28日，pp. 5-6, pp. 125-126.
https://www.mext.go.jp/content/20230328-mxt_kouhou01-000004520_1.pdf（閲覧日：2023.3.28）

内閣府（2023）「第6回教育未来創造会議 未来を創造する若者の留学促進イニシアティブ＜ J-MIRAI ＞」，2023.4.27.

関口兼司（2022）「対面実習・オンデマンド講義・メタバース内ディスカッションを組み合わせた臨床医学教育の試み」国立情報学研究所（NII）第51回「教育機関DXシンポ」講演資料．

読売新聞（2023）「大学最前線 メタバース内 異文化学ぶ」．2023.6.20, 朝刊14面．

東北大学統合報告書2022（2022）「アカデミックメタバースで世界をつなぐ

国際共修」，pp. 34-37.

佐藤慎司（2022）「おわりに －未来を創るVEへ－」村田晶子（編）『オンライン国際交流と協働学修：多文化共生のために』くろしお出版 p. 303.

# 第6章　エンゲージメントを向上させる仮想学習環境としてのメタバース

森田 裕介（早稲田大学人間科学学術院）

## 1. はじめに

　教育工学（Educational Technology）は、教育の問題を工学的な手法で解決する学際的かつ実践的な研究分野である。教育工学の研究方法には、2つの視座がある。ひとつはリクワイアメントプル（Requirement Pull）、もうひとつはテクノロジープッシュ（Technology Push）である。教育現場の問題を解決するのが目的であれば、リクワイアメントプルの視座から実践的な研究を行う。例えば、教室で行われている授業を例に挙げれば、まず、どのような問題が起こっているのか分析するとともに改善案を提案し、改善案の有効性や有用性をデータから検証する。このようなPDCAサイクルを回すことによって、よりよい学びに近づけていく。一方、新たなテクノロジーを導入するときにはテクノロジープッシュの視座から実験的な研究を行う。例えば、メタバースのような新たなテクノロジーがどのような効果をもたらすのか、どのように授業に取り入れたら効果的なのか、仮説を検証しながら留意点や限界についての知見をつみかさねていく。

　本稿では、教育工学の立場から、オンライン教育と比較したメタバースの利点と今後の課題を述べる。まず、2000年ころからオンライン教育においてどのような研究がなされてきたのか簡単にまとめた。次に、エンゲージメントの観点から、オンライン教育における課題を踏まえたメタバースの教育利用について考察した。

## 2. 仮想学習環境としてのメタバース

　メタバースは、多人数が同時にオンラインで社会的活動を行う三次元バーチャル空間の総称である（雨宮、2023）。多人数が参加可能な仮想空間は、これまで、仮想学習環境（Virtual Learning Environment、以下VLE）、マルチユーザ仮想環境（Multi-User Virtual Environment、以下MUVE）など様々な名称で教育への応用について研究されてきた。近年、東京大学がメタバース工学部を設立し、東北大学ではメタバースを使った国際協創を実践的に進めている。筆者が所属する早稲田大学においても、2021年にcluster（クラスター株式会社）内にバーチャル大隈講堂を構築した（図1）。また、早稲田大学大学総合研究センターにおいて、メタバースの教育利用に関するプロジェクトを立ち上げ、バーチャル空間でアクティブラーニングを実施するなどの取り組みを始めた（早稲田大学、2022）。

出典　早稲田大学大学総合研究センター 提供
**図1　バーチャル大隈講堂**

第 6 章　エンゲージメントを向上させる仮想学習環境としてのメタバース

　メタバースは、VR技術を応用した同期型オンライン教育フォームとして位置付けることができる。オンライン教育は、1990年代には遠隔教育と呼ばれ、紙のテキストやビデオテープの郵送による遠隔教育が主流であった。インターネットストリーミング技術が開発され、講義動画を配信するバーチャルユニバーシティが北米に広まっていった。2000年代には、学習管理システム（LMS）も普及し、eラーニングと呼ばれ、教育工学分野においても多くの研究論文が公開されるようになった。2010年代には、CourseraやedXなどのMOOCs（大規模公開オンライン講座）プラットフォームが立ち上がり、世界中の高等教育が注目することとなった。その後、感染症の影響を受け、2020年には、オンライン教育という呼称で広く認知されるようになった（森田、2023）。

　日本では、2000年前後のeラーニングの普及とともに、3Dバーチャル空間をプラットフォームとして教育に利用する取り組みが始まった。例えば、SONY社が開発したプラットフォームCommunity Placeをベースに株式会社NRIシステムズ関西（当時の名称）が開発した三次元仮想空間チャットシステム3D-IES（Interactive Education System）を使った英語教育に関する実践研究がよく知られている（鈴木、2000）。九州大学の研究グループは、外国語の授業における教育効果について検証を行い、3Dバーチャル空間での学びの有用性と可能性に関する先駆的な研究を進めていった（鈴木、2001; 鈴木、2002）。VRMLブラウザCommunity Place Browser上でアバターを操作し、テキストベースでコミュニケーションを行うシステムは、のちに京都大学の研究グループが3D-ICS（Interactive Communication System）と呼称し、アバターの効果についても検証が進んでいった（楠見ほか、2008）。

　セカンドライフ（Second Life）は、2003年に米国リンデンラボ社（Linden Lab）が発表したメタバースである。日本においても、ビジネスだけでなく、教育への活用を進めるパイロットスタディが行われるようになっていた。例えば、慶應義塾大学は2007年、早稲田大学は2008年にセカンドライフにバーチャルキャンパスを構築し、その可能性を探ってい

た（早稲田大学、2008）。また、セカンドライフで地層を学ぶ教材（小林ほか、2011）などが開発されていた。しかしながら、セカンドライフは教育に特化したプラットフォームではない。誰でもどこからでもアクセスできるという特徴は、悪意を持った第三者が学習者に関わる危険性を孕んでいる。このような問題を回避するため、米国ハーバード大学のチームは、独自に開発したMUVEを教育現場に導入し、デザイン研究の手法を用いて研究を進めていった。River City（Nelson et al.、2006）やEcoMUVE（Dede、2009; Metcalf et al.、2014; Kafai, Y.B. et al.、2014）は、米国の科学教育プロジェクトの事例としてよく知られている。

### 3. エンゲージメントを向上させるメタバース

　コロナ禍で多くの大学が実施したオンライン授業については、いくつかの調査結果が公表されている（例：大学基準協会、2021）。オンライン授業において、学習者（大学生）の一部は、カメラで顔出しすることに抵抗を感じたり、課題の多さに不満を持ったり、感染症に対して不安を感じたりしていた。また、オンライン授業の課題として、大学生の多くが孤独感や帰属意識の欠如を感じていたことも明らかになった。前者はオンライン学習者の感情的側面に関するもので、後者は社会的側面に関するものである。

　エンゲージメント（Engagement）は、先に述べたオンライン授業の課題改善を考える上で多くの示唆を与えてくれる。エンゲージメントとは、「人と環境との間で現在進行形で生起するダイナミックに変化する相互作用を心理現象として記述する概念」（鹿毛、2013）である。学習活動に対する積極的な関与に影響を与える学習者の心理状態として、感情的、行動的、認知的な側面から研究が進められている。特に、感情的エンゲージメントについては、自己効力感、内発的価値と相互に影響を与えていることが明らかになっている（梅本ら、2016）。オンライン授業においては、これらに加えて、協働的エンゲージメントと社会的エンゲージメントに関する研究があり、合わせて5つのフレームワークの観点か

## 表1　エンゲージメントの5つのフレームワーク
(Redmond et al., 2018を参考に筆者が作成)

| エンゲージメント | 主な内容 |
| --- | --- |
| 感情的 | 学習への興味、意欲、態度などに影響を与える、期待・不安・楽しさなどの感情的な関与のことである。 |
| 行動的 | 質問や議論をしたり課題を遂行したりするなど、主体的に学習に関与することである。 |
| 認知的 | 批判的に考えたりメタ認知を活性化させたりしながら、複雑なアイデアを理解し、難しいスキルを習得する学習プロセスに関与することである。 |
| 協働的 | ディスカッションやグループ活動、プロジェクト学習など、仲間と協働して学術活動に関与することである。 |
| 社会的 | 学術活動や課外活動などを通した信頼の確立、帰属意識の形成、人間関係の発展、コミュニティの構築に関与することである。 |

ら検討をすることが肝要となる（Redmond *et al.*、2018: 表1）。

　メタバースは、オンライン授業において課題となった点を解決する可能性を有している。例えば、オンライン授業で顔出しに抵抗感を持つ学生がいたという課題については、アバターを用いることで多くの問題は解決する。また、アバターによるコミュニケーションでは、予期しない対人トラブルを避けることも可能である。加えて、身体的な障がいを持つ学習者であればバーチャル空間を自由に移動できるし、聴覚に障がいを持つ学習者であればテキストチャットを用いたコミュニケーションを行うことができる。身体的な外見からくる偏見や人種、LGBTQなどのバイアスを排除することもできる。これらのことから、メタバースはインクルーシブな教育環境を提供することが可能なプラットフォームであるといえる。社会的側面についても、バーチャル空間内でコミュニティを形成したり他者の存在を感じたりすることで、孤独を解消したり帰属意識を高めたりすることが可能になる。また、対人不安を抱える学習者は、社会的存在感を示したまま、ある程度の距離を保ちながら周辺参加をすることも可能である。

## 4. 教育のデジタルトランスフォーメーション

　2020年の新型コロナウィルス感染症拡大時に、日本の多くの学校が機能不全に陥った。教育におけるICT化は1990年代から始まっていたにもかかわらず、30年間、日本の学校の授業スタイルは大きく変わっていなかったこともひとつの要因であろう。2019年末に閣議決定されたGIGAスクール構想は2020年に前倒しで実行され、2022年までに、小・中学校と特別支援学校においては一人一台端末の環境が整備されるに至った（図2）。

出典　文部科学省「学校における教育の情報化の実態等に関する調査結果」をもとに筆者作成
**図2　教育用コンピュータ1台あたりの児童・生徒数の変化**

　SAMRモデル（Puentedura、2013）は、教育DXを示すモデルのひとつである。堀田（2021）は、SAMRモデルを次のように説明している。

　　*SAMRモデルにおいては、Enhancement（増強）レベルとして、Substitution（代替：そのままテクノロジーに置き換える）、Augmentation（拡張：機能が向上する）の2段階があり、Transformation（変容）レベルとして、Modification（改変：業務の大幅な再設計が可能になる）、Redefinition（再定義：従来*

*では想定できなかった業務の創造）の2段階があるとされている*（堀田、2021）．

このモデルが示すように、GIGAスクール構想によるICT環境整備が進められれば、すぐにデジタルトランスフォーメーション（以下DX）が起こるわけではない。SAMRモデルを用いて、メタバースの教育利用によるDXを予想すると、まず、Enhancement（増強）のレベルとして、教室をメタバースで置き換えようとする置き換え（Substitution）から始まる。そして、アバターを自由に変更したり体験学習をしたりするために、プラットフォームの機能を拡張（Augmentation）させたり学習方法を工夫したりする。次に、Transformation（変容）のレベルとして、教授学習活動そのもの改変（Modification）が起こり、学びの場がこれまで想定できなかったものへと再定義（Redefinition）される。

今後の課題は、メタバースの教育利用を通して、よりよい学びとは何かを議論しつづけていくことである。近年、オンライン教育や不登校児童・生徒を対象としたメタバースの活用を進める学校や組織が出現し始めた。例えば、文部科学省（2022）が推進する「令和4年度 次世代の学校・教育現場を見据えた先端技術・教育データの利活用推進事業」では、メタバースを活用した授業や不登校児童・生徒への対応などが行われている。メタバースの教育実践事例から、成功事例だけでなく、失敗事例などを含めて知見を積み上げ、より効果的な学びのデザインにつなげていくことが求められている。

引用文献

雨宮智浩（2023），メタバースの教育現場への利活用，電子情報通信学会誌，106（8），pp.723-727.
大学基準協会（2021），効果的オンライン教育のあり方と評価基準・視点に関する調査研究報告書．
https://www.juaa.or.jp/research/document/

Dede, C. (2009), Immersive interfaces for engagement and learning. Science, 323 (5910), pp.66-69.

堀田龍也（2021），初等中等教育のデジタルトランスフォーメーションの動向と課題，日本教育工学会論文誌，45（3），pp.261-271.

Kafai, Y.B., Dede, C. (2014) Learning in Virtual Worlds, The Cambridge Handbook of the Learning Sciences 2nd Edition, Cambridge University Press, pp.522-542.

鹿毛雅治（2013），学習意欲の理論論－動機づけの教育心理学，金子書房，東京．

小林秀明，木下裕介，瀬戸崎典夫，森田裕介（2011），3D仮想空間を利用した野外観察実習教材に関する検討，日本教育工学会論文誌，35（Suppl.），pp.185-188.

楠見孝，米田英嗣，小島隆次（2008），アバターの感情表出機能によるマルチユーザ仮想空間コミュニケーション・システムの改良，日本教育工学会論文誌，31（4），pp.415-424.

Metcalf. S., Chen. J., Kamarainen. A., Frumin. K., Vickrey, T., Grotzer, T., Dede, C. (2014) Shifts in Student Motivation during Usage of a MultiUser Virtual Environment for Ecosystem Science. International Journal of Virtual and Personal Learning Environments, 5 (4), pp.1-15.

文部科学省（2022），令和4年度 次世代の学校・教育現場を見据えた先端技術・教育データの利活用推進事業．

https://www.mext.go.jp/a_menu/shotou/zyouhou/detail/1416148.htm

森田裕介（2022），教育工学におけるオンライン教育，日本教育工学会論文誌，46（4），pp.593-600.

Nelson, B., Ketelhut, D. J., Clarke, J., Bowman, C., & Dede, C. (2005). Design-based research strategies for developing a scientific inquiry curriculum in a multi-user virtual environment. Educational Technology, 45 (1), pp.21-34.

Puentedura, R. (2013) SAMR and TPCK: An Introduction.

http://www.hippasus.com/rrpweblog/archives/2013/03/28/SAMRandTPCK_AnIntroduction.pdf

Redmond, P., Heffernan, A., Abawi, L., Brown, A., & Henderson, R. (2018). An Online Engagement Framework for Higher Education. Online Learning, 22 (1), pp.183-204.

鈴木右文（2000），3次元仮想空間チャットシステムによる英語授業の試行，言語文化論究，12，pp.105-125.
鈴木右文（2001），大学間双方向遠隔英語授業の試みと諸問題，言語文化論究，14，pp.169-183.
鈴木右文（2002），英語教育における仮想空間と文字チャットの効果－大学間遠隔共同実験授業の試み－，メディア教育研究，9，pp.51-64.
梅本貴豊，伊藤崇達（2016），自己効力感，内発的価値，感情的エンゲージメントの関連－交差遅延パネルモデルによる検証，日本教育工学会論文誌，40（2），pp.75-84.
早稲田大学（2008），話題の「Second Life」に早稲田大学公式SIM『Waseda University』登場．
https://www.waseda.jp/mnc/letter/2008jun/development.html
早稲田大学（2022），VR大隈講堂～新しい授業の形～，早稲田大学大学総合研究センター．
https://www.waseda.jp/inst/ches/news/2022/12/12/4799/

# 第7章　メタバースにおけるクリエイターエコノミーの創出と相互運用性について

上田 泰成（経済産業省コンテンツ産業課）

## 1. はじめに

　筆者は経済産業省ではコンテンツ産業課という部署でデジタルコンテンツをメインに担当し、ゲーム産業、e-sports、DX人材育成、メタバース、Web3.0等の分野を担当した。2023年の4月27日より、新潟県三条市の副市長として着任した。

## 2. 新たな経済圏で価値を生む「クリエイター」の存在

　昨今、「Web3.0」「NFT」「メタバース」という言葉をビジネス領域でも目にする機会が多くなっている。これらはインターネットの進展の中で生まれた単なるトレンドワードではなく、日本経済の「失われた30年」を取り戻す勝ち筋となるテクノロジーであることを忘れてはいけない。なかでも、NFTやメタバース空間を活用することで創出されるクリエイターエコノミーは日本が世界において大きな競争力を発揮し得る可能性を秘めている。

　特に、NFTビジネスでは、NFTとなるコンテンツを創り出すクリエイターやアーティストの存在は欠かせない。その点で言えば、既に日本発のアニメ、漫画等のサブカルチャー的なコンテンツは世界的な支持を得ており、既に持っている強い領域をさらに伸ばすことで、日本の成長戦略として活用可能性が拡がる。

　一方、メタバース空間を活用したビジネスでも、バーチャル上の建造物をデザインしたり、アバターに着せる服を作成したり、空間そのものを構成する要素を創出するクリエイターの存在は不可欠だ。

つまり、Web3.0時代のビジネスで大きな価値の創出を担うクリエイターへ、その対価を与えられる構造をはじめとする経済圏を創り出すことが、Web3.0やメタバース関連領域を進展させる上で大事になると言える。

しかし、先述したクリエイターエコノミーの創出やその普及には、現状、国内の法律や規制において曖昧な部分が課題として存在しているのも事実だ。主役であるクリエイターも現段階で、この領域に知識を持っている人は少ない状況だ。さらに、NFTビジネスを海外展開する際の諸外国の市場状況が明確になっていない。一般ユーザーにおいてもNFTの売買やメタバース空間での生活に参入する障壁の高さが課題になっている。

つまり、Web3.0時代に展開できる理想像と現状には大きな乖離が存在しており、そのギャップを埋めない限りはWeb3.0時代の勝ち筋であるクリエイターエコノミー創出のスタートラインにも立てないということになる。

## 3. Web3.0のありたい姿へ実現に向けた4つのAction

この理想と現状の乖離をなくし、クリエイターをはじめとした生活者がWeb3.0時代にビジネスを展開できる環境を整えるために経済産業省で立ち上がったのが「Web3.0時代におけるクリエイターエコノミーの創出に係る調査事業」である。

2022年7月の設立以降、主にクリエイターの観点からWeb3.0やメタバース空間における「法的論点の調査・整理」「海外事例の調査」「研究会による議論」について、実際に経済産業省メタバース実証空間を設置し、論点整理を行った。

本事業における現状の最終的な目的は、生活者のメタバース空間への参加を促進し、結果としてクリエイターエコノミーの創出、および拡充を実現させることである。

本事業の全体的な方向性はロードマップとして公開しているのであるが、具体的には「To be（ありたい姿）」と「As is（現状）」をそれぞれ3つの

第 7 章　メタバースにおけるクリエイターエコノミーの創出と相互運用性について

ポイントとして書き出している。

【As is（現状）】
①コンテンツ制作など、日本の強みである「クリエイティビティ」を活かしたメタバース経済圏が創出できていない
②コンテンツ制作を担うクリエイターや、IPホルダーにとって活用方法や法的な部分でグレーな部分が多い
③メタバース関連団体が乱立し、事業者が参入する際の拠り所がない

【To be（ありたい姿）】
①クリエイターを軸にした国際競争力のあるメタバース経済圏の創出・拡充
②海外に受け入れられやすいコンテンツを制作し、日本がそれらを輸出しやすい標準づくり
③メタバース業界団体をワンボイスにする

　この 2 者間のギャップを埋めるべく提言しているのが 4 つの「Action」であり、日本全体で各項目の実現に向けて施策を実施していく必要がある。
　具体的な取組としては、クリエイターエコノミーが成立するケースはどのようなものかを検証するもので、一般ユーザーを対象に、アバター二次創作コンテスト「経済産業省presents『メタバースファッションコンテスト』」を実施した。
　このコンテストは、メタバースプラットフォーム「cluster」で行った。複数のアクセサリ（一次創作物）を組み合わせコンテスト会場のテーマである「浮島」のイメージとあったアバターデザインを募集し、40 作品のエントリーがあったところである。コンテストでの検証内容としては、「cluster」で出品された二次創作物の権利が誰に帰属するか、一般ユーザー（二次創作者）が二次創作物を利用できる範囲を誰が決定するか、一

般ユーザーが参加する敷居をどう低くできるか等である。

　また、本調査においては、海外諸国におけるメタバースを取り巻く環境についても調査を実施した。調査の結果として、海外におけるメタバースビジネスに関する法整備については、NFTや暗号通貨、インターネット全般といった付帯分野の法整備と比較すると、先進的な取組を行う国においても、メタバースにおけるクリエイターの権利保護等の法整備は進んでおらず、個人の権利保護、プライバシーに関連する分野での法整備が先行しているケースが多いことも判明した。

　さらに、商取引の分野においては、メタバース上での広告に関する取扱いについては一部の国で整備の動きが始まりつつあり、包括的な電子商取引などの整備はされつつ、メタバースに特化した法整備の動きは多くはない一方で、NFTや暗号通貨に関する法整備はいずれの国においても活発に議論されている状況という状況にある。全体として、メタバースに特化した法整備の議論はそれほど活発には行われておらず、これから活発化していく段階と予想される。

## 4．メタバースにおける相互運用性について

　昨今、オープンメタバースという言葉も聞くようになってきているが、オープンメタバースの議論については「相互運用性＝オープンメタバース」と捉えられがちであり、各プラットフォームが相互運用性を受け入れるかについても事業者の戦略判断があるところだと考える。

　この点、オープンメタバースとは何か、なぜ必要とされているのか、されてないのかについては、開発ツールやアセット、用語などの標準化が行われない状態では、メタバースの進展に向けた開発作業が重複するなど、リソースの無駄になるとの意見や、相互運用性が実現しないと、それぞれのサービスにアクセスするたびにハードウェアを取り替えたり、異なるプラットフォームにアクセスし直したりという無駄が生じてしまい、ユーザーにとっての不都合が生じるとの意見もあり、実装していく段階でも、規格化の課題とともに、規格に沿ったインフラ機能が提

第 7 章 メタバースにおけるクリエイターエコノミーの創出と相互運用性について

供されることで、はじめて複数のメタバースの往来がシームレスになり、オープンメタバースが実現すると考えられるとの見解もある。

　このように、オープンメタバース実現に向け、現時点は標準化の議論がまさに始まったばかりであることから、その動向を追うことが重要である。また、標準化議論の動向においては、Metaverse Standard Forum が主要なグローバルプレイヤー・標準化団体の参加のもと、言わば「標準化議論のプラットフォーム」とも呼ぶべき立ち位置にある「Metaverse Standard Forum」における議論を詳細にフォローすることが必要である。

　経済産業省で実施した実証事業においては、前提としてオープンメタバースを構成する要素は相互運用性だけではないという認識に立ちつつも、アバターやNFTオブジェクトを自由に持込み可能とする相互運用性が担保された実証の場を設けつつ、先ずは相互運用性に係る課題等を抽出し、我が国における相互運用性に係る議論が進展することを目的として実施した。

　実証事業に参加していただいたユーザーを対象としたアンケート調査結果によれば、「『オープンメタバース』において、複数の『メタバース』で同一アバターを用いることに魅力を感じますか」という質問に対し、「プラットフォーム毎にいちいちアバターを選択することなく一括管理できる程度の機能があれば良く、同一アバターを利用できたほうが参入障壁は低くなると共に拡張性も広がる」や「同一アバターなら複数のプラットフォームで友達や知り合いと認識できるのでコミュニケーションが円滑にできるところである」との回答が得られた。一方で、「別のアバター、別のアカウントを使用して活動したい場合もあり、繋がっていない別のオープンメタバースやクローズドなメタバースもあってほしい」、「メタバースそれぞれに世界観やルールがあるはずなので、共通のアバターであると時にズレたものになってしまう可能性があり、特にエンタメとしてメタバース空間を楽しむ際に違和感が出ると思う」などの回答も得られたところである。

## 5. 企業はクリエイターとどう向き合うべきなのか

　クリエイターエコノミーが Web3.0 時代に創出されるならば、企業もその波に乗って施策を展開する流れが生まれるだろう。メタバース上で自社の NFT を販売・配布したり、広告を出したりするなど、現実世界とは似て非なる世界でビジネスチャンスを見出し、事業やマーケティング活動を展開するようになるはずである。そんな世界でクリエイターと企業はどんな関係性を育むのだろうか。

　鍵になるのは、クリエイターとの共創である。イメージ的にはインフルエンサーマーケティングに近い施策である。そもそも Web3.0 時代を生きる生活者は Z 世代やそれ以下の α 世代がメインになるはずである。彼らには、企業側から発信するブランデッドコンテンツは響かないことが多くなる可能性も考えられる。現に、今もクリエイター自身がコンテンツとして広告コミュニケーションを行い、「この人が言うなら購入する」という構造が生まれている。これはデジタルの世界でも同じである。コンテンツ化しているクリエイターとどう協力し合うか。

　動画や Instagram などの SNS プラットフォームであればそれらに特化したインフルエンサーと組んでいた時と同じである。メタバースや NFT に強く、かつ自社と親和性のあるクリエイターとマーケティング活動を行うことも肝になるのではないだろうか。

　加えて、Web3.0 時代において、日本のコンテンツ IP を軸にした戦略を練り、クリエイターの力を刺激するのは IP の開放だと思っている。

　もちろん、ただ開放するだけではなく、IP ホルダーにとってもオープンにすることで"うまみ"があるようなインセンティブ設計は必要だと思うのであるが、日本のコンテンツ IP はよく韓国と比較される。Web3.0 に限らず、韓国は、芸能やアニメといったエンタメ産業への国の支援が手厚い印象を受ける。アニメ制作にしても、制作コストと同じか、それ以上の助成金がもらえるというような政策もあったりする。

　例えば、日本が今から同じ取組をやるとしたら、また 10 〜 20 年かかるはずである。そこに無理に追いつこうとするよりも、日本にいまある

第 7 章　メタバースにおけるクリエイターエコノミーの創出と相互運用性について

サブカル分野やニッチな領域のIPで勝負するほうが、勝ち筋はあるのではと思う。

## 6．今後の展望

　今後の展望としては、企業に限らず地方自治体にとっても、実際のWeb3.0のユースケースが少ないというのが最大のネックである。

　また、技術・サービスでは、基盤技術レイヤーの国産サービスがないブロックがあり、クリエイターエコノミーの構築・運営時には留意する必要がある。特に人材では積極的にマインド・スキルを育成する状況を作り出していく必要がある。

　このような中で、地方自治体としては、「Web3.0で何をやるのか」「自分のところがやる必要があるのか」と迷っているという状況だと思われる。それから、一般層の理解が追いついていないのも、Web3.0事業が進みにくい理由の一つである。一部のコミュニティなどではDAOと親和性の高いところもあると思う。

　ただ単に全てのレイヤーが取り組むというものでもないと思うが、一般化に向けての政策をどう進めていくか、地域の特色を活かしながら、地方自治体としては今一度考えていく必要があると思う。

参考文献
　宣伝会議2023年5月号　「メタバース，NFTビジネスの拡大はクリエイターエコノミーの創出にかかっている」

# 第 8 章　電脳世界における文化醸成とバーチャル学会の取り組み

ふぁるこ（バーチャル学会）

## 1. はじめに

　筆者は主に VR、HCI、Haptics の研究をしている。2018 年よりソーシャル VR を始め、2019 年からはソーシャル VR における文化振興とアカデミズムへの貢献を目的としてバーチャル学会というイベントを立ち上げ運営してきた [1]。2019、2020、2021 年のバーチャル学会にて運営長を務め、2022 年度は副委員長として参画している。

出典　撮影者より借用
図 1　バーチャル学会 2019 から 2022 までの記念撮影写真

　ここはバーチャル学会の取り組みと、このバーチャル世界で生きるクリエイターやコミュニティがどのように今後発展していかなければいけないかを筆者の視点から述べていきたい。

## 2. バーチャル学会の役割と特徴

　まずバーチャル学会の取り組みを説明するための動画があるので見てほしい（https://youtu.be/AuNWfRxkF6E）。バーチャル学会はVR空間を最大限に活用し、この環境にて学会を開催できないかを模索する団体だ。

　バーチャル学会全体の理念として掲げているのが、豊かな電脳世界を実現したいというものだ。今この電脳世界には多くの文化や、様々なクリエイターの創作物があり、日常的に利用するユーザーによる活動がなされている。しかし、物理世界における活動とは(活動の形態として)ほど遠い世界ではある。例えば(電脳世界の)社会インフラがまだ整っていない、実際この電脳世界で活動しているだけで食べていけるのか、そういった様々な課題がある。それこそクリエイターだけではなく、一般ユーザーにとって日常的に電脳世界を利用できる、暮らせる社会にしていくためには様々な要素が足りていない。

　このような背景により、豊かな電脳世界を実現するために、アカデミアという観点からバーチャル学会が貢献できないかということを考えている。

　次に、これまでも何度も登場している「電脳世界」という概念について説明する。

　筆者が「知のフォーラム」にて登壇した空間はVRChat [2] というソーシャルVRプラットフォーム（VRSNSとも）である。ソーシャルVRプラットフォームは遠隔地から3DCG技術により構成されたCG領域にHMD等のVRヘッドセットを用いて一人称視点で没入可能な空間を指す。このようなサービスはVRChatの他、Mozillaが提供しているhubs [3] やcluster [4]、RECROOM [5]、バーチャルキャスト [6]、resonite [7]、他にも様々な電脳世界がソーシャルVRアプリケーションとして提供されている。これらを見ると電脳世界は実現しているかのように見えるが、我々が目指しているのは、映画『サマーウォーズ』に出てくる電脳世界OZ [8]（OZの中ではあらゆる社会インフラが完結しており、すべての電子情報通信や、通貨、行政のシステム、サービスがこの電脳世界の中

第 8 章　電脳世界における文化醸成とバーチャル学会の取り組み

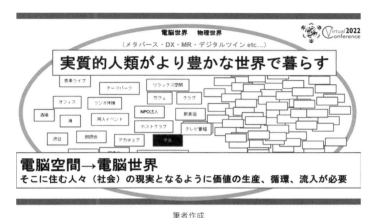

筆者作成
**図 2　電脳世界と物理世界の価値循環による世界の融合**

で管理されている）のような世界ではないか。

　他にも有名なもので言うと、『ソードアートオンライン』や『マトリックス』のような触覚も含めた全感覚が感じられる、リアリティの高い世界が実は目指しているところなのではないかと考える。現在のVR技術ではこの両者（ソーシャルVRサービスとSFにおける電脳世界）を比較して、まだまだ足りないものがたくさんある。今筆者が存在しているこの電脳世界（VRChat）には既に色々なものがある。例えば筆者がやっている学会であるとか、毎朝ラジオ体操をしている人がいたり、カフェを開いてその中でお話をしている人がいる。しかし、この電脳世界にあるものはまだまだ物理世界と比べると非常に小さいものだ。この先電脳世界に様々なものを入れていくにあたり、物理世界との連携も必要だ。この連携先となるのが物理世界と電脳世界で、筆者が今担当している分野として学会がある。現状では学会同士の繋がりが主だが、今後より多くの領域とつなげ、様々な価値の流入と交換を通じて電脳世界での価値を高めることが電脳世実現のために必要である。

## 2.1 バーチャル学会の特徴

続いてバーチャル学会の特徴についてお話しする。バーチャル学会では既存の学会を参考に、研究者の交流、投稿論文のアーカイブ、また新たな研究の創発を促す知識の流入を積極的に推進するような取り組みを行っている。

まず研究者の交流に関して、現在はコロナ禍の影響によりZOOMなどを用いたオンライン学会が数多く行われている。しかしながら物理的に対面で交流する感覚はビデオチャットだけでは得られないものがある。しかし、こういった実際に会って交流する感覚はVR空間にて会うことで、ある程度近い感覚を得ることができる。我々はこれを「身体性を伴う交流」と表現している。このように実在感のある交流を、さらにアバターを使うことで交流のハードルを下げ、交流しやすくなるというメリットも存在する。

またバーチャル学会ではVRプラットフォームを最大限に活用するためオリジナルワールドを作成し、交流をより円滑に行うためVR環境で使える黒板機能を作るなどギミック関係の開発も行っている。

さらに研究の創発という観点からは様々な領域の研究発表を受け付けることで（バーチャル学会ではVR技術以外の投稿も受け付けている）、これまで触れ合うことのなかったような人々がバーチャル空間をハブとして出会い、新たな研究領域の開拓を促進している。また多様な分野からゲストを招聘することで、さらに交流を促進している。

最後に知識のアーカイブについて、これは現実の学会の形式を参考にし、J-STAGEにて論文のアーカイブを行っている。既にバーチャル学会以外の学会からも論文が引用されており、科学的な知見としての活用が既になされている。

## 2.2 バーチャル世界とバーチャル学会の関わり

このような学会開催のほか、バーチャル学会ではバーチャル学会以外の学会がVR環境を活用してイベントや学会を行いたいという場合に積

極的にアドバイスをしている。例えばバーチャル学会2019にて使った
ワールドを実際に使って、ポスターセッションが行われた［9］。他にも
バーチャル空間の文化の醸成を助けるために積極的にVRクリエイター
を雇用し、YouTube配信や会場内の案内をソーシャルVRプラットフォー
ムのユーザーの方にお願いしたり、動画クリエイターの方に動画の編集
をお願いしたりしている。

　こうして学術的知見や経済的側面から価値の循環というものに積極的
に取り組んでいる。これまでバーチャル学会2019から計3回行ってきた
が、それぞれ規模を順調に拡大して行っている。

## 3. 実質的人類に向けて

　今後電脳世界と物理世界の価値の循環が大きくなることで、2つの世
界間で得られる体験に差がなくなったとき、同様の価値観を共有し、初
めて電脳世界と物理世界がつながるのではないか。今まさに電脳世界で
暮らしている人々は、物理的には会ってはいないが、実質的に出会って
いるという体感が得られている。この意味において人々は実質的人類
という新たな概念を獲得しつつある。さらに、電脳世界にて生活している
という感覚が得られれば、その世界では実質的な社会が形成されている
ことになる。

　現状ではソーシャルVRプラットフォームは物理世界と切り離された
電脳"空間"であるが、物理世界との相互交流を獲得することで電脳"世
界"へと発展することができる。そして、この世界に住む人々がその
人々にとっての現実になるような世界観を作る。このような世界を作る
ためバーチャル学会は活動を続けていきたい。

参照文献

[1] バーチャル学会運営員会［オンライン］，Available: https://sites.google.com/view/virtualconference-2019,［アクセス日: 30 10 2023］

[2] "VRChat,"［オンライン］，Available: https://hello.vrchat.com/,［アクセ

ス日: 30 10 2023]

［3］ "Hubs - Private, virtual 3D worlds in your browser,"［オンライン］, Available: https://hubs.mozilla.com/.［アクセス日: 30 10 2023］

［4］ "cluster,"［オンライン］, Available: https://cluster.mu/,［アクセス日: 30 10 2023］

［5］ "RECROOM,"［オンライン］, Available: https://recroom.com/,［アクセス日: 30 10 2023］

［6］ "メタバースプラットフォーム｜バーチャルキャスト［VirtualCast］,"［オンライン］, Available: https://virtualcast.jp/,［アクセス日: 30 10 2023］

［7］ "resonite,"［オンライン］, Available: https://resonite.com/,［アクセス日: 30 10 2023］

［8］ "映画「サマーウォーズ」公式サイト,"［オンライン］, Available: https://s-wars.jp/,［アクセス日: 30 10 2023］

# 第 9 章　異分野融合を メタバースで加速する

Kuroly（VRC 理系集会）

## 1. はじめに

　メタバース原住民による草の根活動的なところとして、1年4ヶ月以上にわたる我々理系集会における取り組みを紹介する。この中では、異分野融合の際の言語の壁をどうするかといった話も、我々の方で取り組んでいるところであり簡単に説明する。

　そもそも我々は何者なのかということであるが、我々は2021年8月下旬よりメタバース空間「VRChat」というプラットフォームの中で隔週金曜日に開催している学術交流イベントの団体名である。累計30回以上既に開催しており、毎回110名以上の方々にご来場いただいている。この取り組みは大きく評価いただいており、国立研究開発法人の JST 様からもご後援を頂いているほか、これまで特別講演として、東京大学の教授である稲見昌彦先生や IPA の登大遊先生にもお越しいただいている。 メタバース上で最大級の学術交流イベントではないかと感じているところである。我々が行っていることとして、こういった学術コミュニティの中で、例えば研究者や学生さんや一般人の方が一同に会して匿名アバターを用いながらワイワイ話すことを大事にしているが、その他に行っていることとしては、例えば東京理科大学におけるメタバースイベントをお手伝いしたり、基調講演を行ったり、あるいは世界最大のメタバースイベント Vket においてサイエンスコミュニケーションイベントとして、インタラクティブに自由に動かせる魔法陣を発動しながら、その魔法陣の中の幾何学的な模様を使って数学的な要素を学ぶといったことも展開している。その他我々理系集会のメンバーの中にはプログラマーの方や、産学官のメンバーがまんべんなく混ざっているの

でVRChat内における誰がどこでどういう風に喋っているのかということを常に観測し続ける位置情報解析ツールを開発した。それを一般向けに公開することによって、様々なイベントやVRChat内の方々に向けて、いろいろなソリューションを展開している。また、JST主催の「サイエンスアゴラ」にもつい先日出展した。

このように、我々が大事にしているのは異分野間の研究者同士の交流による、VRChat内でのセレンディピティや気づきというものが1つ目である。そして2つ目に市民や研究者間のサイエンスコミュニケーションという点も大事にしている。さらに、最終的にはこういった学術交流の場や、個人や組織による取り組みが有機的に連携していってメタバースの学術エコシステムを構築できればいいと考えている。

## 2. メタバースでの学術交流とその魅力

ではなぜ、我々がメタバースでの学術交流に魅力を感じているのかについてお話しする。

まずメタバースで開催するメリットとして、これまで皆さんもある程度お示しされているが、会場の制約等から解放されることである。我々はVRChat内に20m×20mの交流空間を設置しており、これは最大50名収容できる。50名が入ったら、「はい、おしまい」ではなくて、その後サブ会場、サブサブ会場と必要に応じて何個も同じ世界を構築することが可能である。これによって事実上会場の制約から解放されるのである。

そして2つ目。専門分野の掲示ということで、実際にリアルの会場において、いろいろな分野の方が一同に集まる会場を提供すると、誰が何の話をしているのかわからなくて、話しづらくなることがある。こういったデジタル空間であれば自分の頭の上に専門分野を掲示できる。例えば、「私は機械工学です」、「私は薬学です」、「僕は文系です」、というように様々な分野の方々が自分の分野を掲示することができる。これによって同分野間でお話ししていただくことも可能であるし、もしくは異分野間だと分かった上で、話していただくことも可能である。例えば、

文系の方と機械工学系の方が話していただくことによって、近年話題の総合知といったものに結びつくということも考えられる。

　そして3つ目、アバターでのコミュニケーション。やはりWeb会議と異なってアバターを介した自由なコミュニケーションというものは、さまざまな学術交流の推進にあたってかなり有用なものであることは1年間の活動によって既に証明されている。

　距離的制約からの解放、ここも外せないところである。Web会議以上に身体性を伴いながら東京や沖縄にいる人、果ては海外にいる方まで一堂に会して様々な分野から会話ができるというところは、1つの大きなメリットではないかなと思う。

　さらに我々は最初に説明した位置情報収集ツールを使い、来場者の記録を取っている。例えば入退室時間の記録で、これまでどれぐらいの人たちが何時間ぐらい滞在しているのかという時系列データも取得でき、また会場内でどういうクラスターができて、誰と誰が話しているかということも観測できる。

　さらにイベントのアンケートにおいても、従来のイベントアンケートであれば、WEBセミナーが終わった後にアンケートURLをメール等で発行して、回答を依頼するが、みなさんなかなか回答しない。しかし、メタバース会場であれば壁にアンケートを貼っておいて、そのまま回答を依頼できる。そのためアンケート回収率が極めて高くなる。我々のアンケートにおいてもかなりの方に回答いただけている。例えば「職業は何ですか」と聞いたところ、技術開発職に従事している方が23名、そしてその他という一般の方々が20名ほど、大学院生が12名ほど、学部生が9名、研究職が4名と様々なステークホルダーの方々が参加していることがわかっている。また「新たな知見を得られましたか」という質問に対しては75%が「得られた」と回答しており、「その後継続的な関係になっているか」という質問に対し、これもやはり半数以上の方々が「継続的な関係となっている」ということで、学術関係における様々な継続的なコミュニケーションがここによって確保されていることを、我々は示

唆することができている。

　また実際に、異分野同士の人たちを一箇所に集めて、異分野融合が起こるのかということを実際に位置情報収集ツールと先ほどのログの分析を行ったところ、一つひとつのクラスターの中では情報学の方と医学の方が一緒になって話していたり、機械工学の方と数学の方が一緒になって話していたり、あるいは生物学の方と電気系工学の方が一緒に話していたり、様々な分野の方々が混じった会話が行われていた。実際に何を話しているのかも聞き取り調査を行ったことがある。クラスターごとの会話内容の聞き取り調査によると、様々なクラスターで、例えば農学、機械工学、製造学の方々が集まるような会話グループの中において、工学領域の話から未来予測の話まで行われていた。あるいは情報学の方と物理学の方がそれぞれの観点から量子論に軸足を置きながら、仮想量子場という高度な理論について議論を発展させているなど、普段会わないような人たちとそれぞれの世界の言語で上手く対話する取り組みを自発的に行っていた。異分野融合というのは、それぞれの分野と分野のディシプリンのぶつかり合いというところがある。そういったところをそれぞれの会話の中で、匿名アバターというものを通して、裸のぶつかり合いの中で実践していただけているのではないかというのが感触としてある。

## 3. 今後の展望

　まとめであるが、このような草の根活動的にメタバース内で様々な学術に興味のある一般の方や、研究者の方、産業界の方や学生の方々が一堂に会することによって、対話機会の場をメタバースによって新たに創出できる可能性があるということを、既に我々は1年4ヶ月間における活動において示唆している。最終的には、現実世界における学会といったものを、デジタルトランスフォーメーションやSociety5.0といったような文脈で、次世代の国際交流、場所や物理的制約を超えて、新たな形で提供していきたい。是非肩書きを超えたメタバースでの学術交流に参

加していただきたいと我々は考えている。最後になるが、理系集会という我々の活動に関心のある方からの連絡をお待ちしている。

# 第10章　農業高校におけるXR技術を用いた遠隔実習システムとその周辺技術の紹介

川鍋 友宏（情報通信研究機構）

## 1. はじめに

　本章では農業高校におけるXR技術を用いた遠隔実習システムとその周辺技術の紹介をする。我々情報通信研究機構（NICT）と宮城県にある加美農業高校が共同で取り組んでいるICTを使った新しい農業教育のための実証研究内容である。本稿で紹介するのは我々の取り組みの中でもVRヘッドセットMeta Quest2を使った遠隔農業実習システムである。

　XRに関してだけではなく、紹介するシステムを構成するXRではない部分の、我々が持っている要素技術も合わせて紹介する。この技術をこのように使うとよりXRらしい、といった議論につながればよいと考えている。

　筆者は時空間データGISプラットフォームの研究チームに所属している。主な研究テーマはIoTセンサーや気象衛星などから収集した大規模データの取り扱い方法で、GIS、地理空間情報システムと時系列なデータを融合させ、そのようなデータやシステムを組み合わせ大規模に可視化する。大規模というのはデータが大きいだけでなく、大きなデータを大きいまま見る方法に関する研究である。

　4Kディスプレイを15枚並べたタイルドディスプレイで水平解像度が20Kあるところに、三次元のGISと気象衛星ひまわりが撮影した台風の雲の画像を三次元点群データに変換したものを重ね合わせ、まさに大きなデータを大きなまま見る、このようなことを普段から研究開発している。

　農業実習システムに取り組むことになった背景から説明する。この取

り組みは、我々の内部ファンドで社会実証ファンドといったものがあり、そこに「ポストコロナ時代に向けた農業教育における遠隔指導実習の実証研究」というテーマで採択されたものである。

この研究のテーマは、「ICTを活用して若者に魅力的な農業のあり方を示す」ものである。実証フィールドは宮城県にある加美農業高校である。

この取り組みの中では、圃場にIoT機器を複数設置してモバイル回線経由でデータをクラウドに保存する。圃場全体にWi-Fiが飛んでいるわけではないため、モバイル回線が必須な取り組みになる。

IPネットワークカメラや気象センサーを圃場内各所に設置し、これらから得られたデータや映像を使った教材、主にWebアプリであるが、これを開発してこれを農業高校の先生や生徒さんに評価してもらうといった取り組みをしている。

その中でVRを使った遠隔実習システムを開発するに至ったわけであるが、その目的と背景について説明する。

この実証研究の全体のテーマ自体はICTを活用して若者に魅力的な農業のあり方を示すものである。加えて、コロナ禍になり遠隔実習の必要性が高まった。

実証研究は2021年度に開始したものであるが、提案は2020年度に行っており2020年度の状況を思い返すと、「Zoom等で遠隔授業ができるようになったが、実習はどうするのか」ということを農業高校に限らず、教育機関で皆が議論していた頃だと思う。

同時期にOculus Quest2（現在のMeta Quest2）が競合他者よりも安い価格で登場し、これは使えると思い始めたところで、この取り組みの中で各種カメラを圃場に設置していたので、我々としては魅力的な農業のあり方、つまり農業高校を目指すような中学生達が「あんなことやっているのであれば行きたい」、と思ってもらえるものを示す必要があった。そこにQuest2が登場し、それを使って農業実習ができるとなれば「面白そうだ」と思ってもらえるかもしれないと考えた。

遠隔実習という点からは臨場感を持った仕組みである必要があって、

第 10 章　農業高校における XR 技術を用いた遠隔実習システムとその周辺技術の紹介

我々はリアルタイム映像の伝送が可能なカメラを農場に設置しているので、こういった背景と要請からこの遠隔農場遠隔実習システム開発するに至ったわけである。

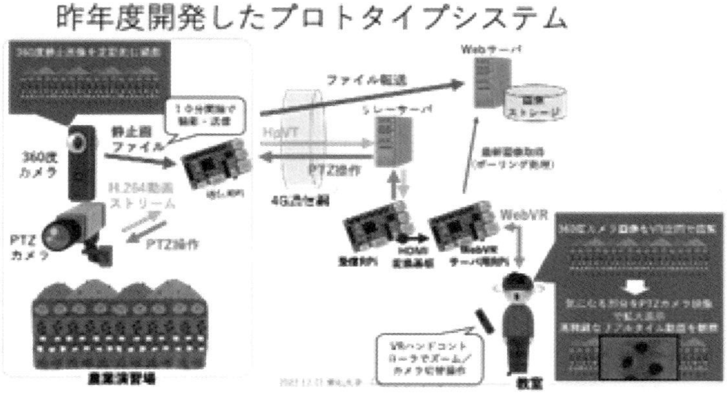

出典　筆者作成
図1　発表スライド（VR 実習システム全体像）

上の図（図1）が昨年度作ったプロトタイプシステムの全体像である360度カメラ GoPro MAX と PTZ カメラ、PTZ というのはパン、チル、ズームができる電動首振りカメラのことであり、農場側にはこれらが設置されている。

360度カメラは静止画を10分間隔で撮り、PTZ カメラの方はリアルタイムの映像が送れるようになっている。それを教室にいる Quest2 をかぶった生徒さんが覗くことで360度カメラ静止画で農場全体を俯瞰して見て、気になるところは PTZ カメラでズームインしたりしてリアルタイムの映像を見て観察できる、というシステムである。

細かい説明よりもデモ映像を見た方がよいと思うので、これをご覧いただきたい（図2）。

出典　筆者作成
図 2　発表スライド（VR システム 360 度全天球静止画）

　カメラは加美農業高校の色々な所に設置しており、今回このVRシステムを適用したのは草花ハウスと呼んでいるビニールハウス内に設置したカメラである。このようにビニールハウスの隅に360度カメラとPTZカメラを設置している。

　VRヘッドセットをかぶった操作者がハンドコントローラーのスイッチを押してPTZカメラの映像のストリーミングをオンにすると、若干その映像のセッションを張るのに時間がかかり待たされるが、見えるものはこの映像を撮った時のリアルタイムのストリーミング映像である。

　このカメラは25倍ズームできるので、このように花のつぼみを見るぐらいまでズームインすることができる（図3）。

　4Gモバイル回線を使って転送しているので、ここが我々のキーの技術を使っている強みであるが、4G回線であってもフルHDの映像が最大30 fps前後で送ることができる。

　360度空間の中で観察者が頭を振って周囲を見回すことができるが、静止画の中でその時にリアルタイムの映像が見たいと思ったところにPTZカメラが自動的に向くようにしている。自動的に向くとは言え、

第 10 章　農業高校における XR 技術を用いた遠隔実習システムとその周辺技術の紹介

出典　筆者作成
図 3　発表スライド（VR システムリアルタイム映像）

観察者が向いてから PTZ カメラをオンにするスイッチを押すので、少しタイムラグがある。

　自動的に PTZ カメラが見たい方向を向き始めるのに 1 秒弱ぐらいのラグがあって、その後実際に動くため、どれぐらい頭を動かすかにもよるがさらに一秒前後待たされることになる。おそらく初めて見る方は「どうしてこんなに遅いんだ」と思うかもしれないが、現状これが我々の技術で構築するシステムの限界となる。

　改めて先程お見せしたシステムの構成図を少し分解して説明する。360 度カメラが静止画を撮っている部分であるが、自動的に 10 分間隔で撮影するとそれがこの圃場側に置いてある Raspberry Pi を通じて Web サーバーに送信されて蓄積される。

　観察者にも Web XR サーバー用の Raspberry Pi があり、これが VR コンテンツを Quest2 に配信するわけであるが、そこ越しに最新の 360 度画像をポーリング処理してサーバに取りに行く。そうすることで 360 度の静止画がヘッドセットの中に全天球表示される仕組みだ。

　観察者は圃場全体をざっと見回して自分が興味あるところを向いて

PTZカメラをオンにする。

そうするとPTZカメラのストリーミング配信の仕組みが動き始め、これもまたその送信用ラズパイを通じてインターネット上のリレーサーバーを介して、受信側がこの映像ストリーミングを受け取るRaspberry Piが受け取った後にHDMI変換したものがweb VRのサーバーに流し込まれヘッドセットにはWeb RTCで映像が転送される仕組みになっている。この絵でヘッドセットをかぶっている人が目的の作物を拡大表示し、トマトが色づいているからそろそろ収穫だ、という判断ができる、といった仕組みになっている。

なぜカメラが2つも必要なのかと思われるかもしれない。360度カメラで映像をストリーミング配信する試みも各所で行われているが、先ほど言った通りこの仕組みは送信側がモバイル回線を使っていることもあり、もし360度カメラだけでこの仕組みを構築しようとするとGoPro MAXの場合360度動画は5.6K解像度あり、これをモバイル回線でストリーミングするのは困難だろう。

また、いわゆる民生品の360度パノラマが撮れるカメラの静止画解像度は高々6K程度、最近8Kのものがあるが、それを一部ズームアップして観察するには解像度が圧倒的に足りてないと考えている。

一方、PTZカメラだけで何とかならないのか、つまり、人間が首を振るのに合わせてPTZカメラを動かしたら1台でよいのではという議論もあると思うが、我々は民生品を使ってこのシステムを構築している。VRヘッドセットの装着者の身体動作に合わせてPTZをリアルタイムに動かすものは現状製品として存在しておらず、これも現実的ではない。

さらに先ほど説明したとおり、モバイル回線を通じてフルHDの映像を30 fps程度で送るのが現在の限度だと考えているので、仮にPTZ操作が思うようにいったとしても、VR酔いしないためのfpsには足りないのではと考えている。VRでゲームをする人は60 fpsでも遅いと言っているので、もっと速くないといけないのだろう。

そういうこともあり、我々はカメラを2つ使って、360度カメラは静止

第10章 農業高校におけるXR技術を用いた遠隔実習システムとその周辺技術の紹介

画をアップロードして全天球表示することで圃場全体を準リアルタイムに観察し、詳細に観察したい時はPTZカメラ映像をオンにすることで注目している場所を自動的に向いてズームアップできるようにした。

それからフルHDを30fpsで送るために我々は後でお話しするHpVTという特別なプロトコルを使っている。これを使うことで初めてモバイル回線でフルHD、30fpsストリーミングができることになる。

## 2. 要素技術について

ここからは最初にお話しした要素技術の紹介をする。最初に「映像IoT」の話をする（図4）。簡単に定義を紹介すると「高品位なネットワークカメラと画像処理画像認識技術と組み合わせることで撮影空間内の情報抽出を行う」ものである。つまりカメラをセンサーとして用いるということである。

図4　発表スライド（映像IoT）

応用例としては社会インフラや公共設備の見守り、防災減災への取り組みということで、特にパンチルトズームが可能なPTZカメラを使うと広範囲かつ詳細な見守りができる。右の絵でも示しているように、高所

でPTZカメラを設置することで広い空間を見守ることができるような取り組みを映像IoTと言っている。

次に紹介する要素技術はHpVTである。これは技術寄りの話によってしまうのであまり面白くないかもしれないが、UDPベースの独自映像伝送プロトコルである。

これは通信経路上のパケットロスを受信側に届いたパケット遅延から推定し、それに応じて映像フレームパケットの送出を送信側で行うという仕組みで、例えばネットワークが集中した時などには画質やフレームレートを落としてでも映像のリアルタイム性を確保するといった特徴がある。

先ほどからお話ししているようにモバイル回線ではジッタやパケットロスが避けられないので、こういった通信経路を用いたリアルタイムの映像伝送を要求される時には特に有効な技術だろうと考えている。

HpVTはこのVR農業実習の仕組みだけではなくて映像IoTで映像転送する時には我々は必ず使っており、例えば加美農業高校では我々の取り組みを使った装置を用いてこのようなことをしている。11月20日付の河北新報で報道されたが、10月25日に加美農業高校と色麻中学校という2つの学校を、HpVTを使ったカメラと受信機のセットを使って双方向に接続して、花の鉢植え指導というのを加美農業高校の生徒が中学校の生徒さんに遠隔で教えた。お互いモバイル回線で接続した。

この遠隔授業は、その様子をNICTの関係者が東京と仙台でHpVTを介して自分のところで「ちゃんと映像送れているな」とか「遅延はないな」といったことを見ながら進んだ。

次の要素技術の紹介はGISと映像IoTの組み合わせである。下に示している絵は三次元GISにPTZカメラ映像を重ね合わせて表示しているアプリケーションの画面である（図5）。

第 10 章　農業高校における XR 技術を用いた遠隔実習システムとその周辺技術の紹介

図5　発表スライド（GIS ＋映像 IoT）

　表示が薄くてわかりづらいかもしれないが、これは筑波山の山頂に付いているカメラの映像と、カメラが付いている同じ場所、同じ角度でGISが麓の地図を表示しているものを重ね合わせて使用するアプリケーションである。このGIS上の道路と表示される写真と後ろの地図の道路の位置がきっちり合っていることが分かると思う。

　これができると何が嬉しいかと言うと、左に説明が書いてあるが、この映像IoTの仕組みで撮影している映像の中からAIを使って事象検出、例えば煙を検出するといったような仕組みを組み合わせると、映像の中で例えば煙が上がっていて火事なのではないか、ということに気づいた時に、土地勘がない人でも後ろのGISと組み合わせることで正確に緯度経度やその番地の情報というものを取得することができる。その点で、防災減災に役立つツールになるのではと我々は考えている。

　最後に紹介する要素技術はGISとVRである。これは何か特に具体的な応用事例があるわけではなく、こういうものを作ったことがあるという紹介である。

　三次元WebGISをQuest2中でVR空間全体に表示し、このように上空に浮かんだり移動したりできるツールを制作した。航空写真地図を適用

すると、まるで地球の上を飛んでいるかのような、リアルな映像が見られるわけであるが、自分が好きな所に飛んでいくとか、自分が好きなところに着陸してみるということはできないことであるから、将来はそういったような使い方もあるのではないかと思っている。

### 3. システムの課題

　遠隔実習システムの話に戻るが、昨年度作ったものはいくつも課題があり、それを今年度どう解決したかという話をする。360度カメラはGoPro MAXを使用した。これはアクションカメラであるので、365日24時間ずっと電源入れっぱなしという用途はおそらく想定されておらず、そのせいだと思うのだが実環境で不定期に止まることがあり、手動で復旧しなければいけないというなかなか手のかかるシステムになってしまった。

　後でわかったことだが、ずっとUSBで電源供給していたことによりバッテリーが膨らんでしまい、中の回路を圧迫していたことが不調の原因であった、つまりそういう使い方は想定されていないのである。そこで連続運用が前提のIPネットワークカメラで、かつ180度魚眼のカメラに交換した。

　また、受信側の装置構成が大変複雑であった。先ほどご覧頂いたスライドをもう一度ご覧いただくが（図1）、受信側に技術的に仕方がなくRaspberry Piが2つもあってこれの電源の入れる順番などで動いたり動かなかったりということがあったので、システムをよく知っている人が動かさないと使えないという問題があった。

　それでは高校生の実習には使えないということで、受信側にあったRaspberry Piが担っていた機能を全てインターネット上に押し出した。インターネット上のサーバーに載せたことで、教室にはQuest2、VRヘッドセットだけがあれば、もちろんネットワークに繋がっている必要はあるがいつでもこのシステムが使えるようになった。

　本年度作ったもののデモ映像があるので紹介する。基本的には先程

言った通り180度魚眼カメラになったという違いぐらいしかなく、カメラ背後の画像が無くなった。また、この後PTZカメラをオンにするがすぐに映像が出て待たされない仕組みにした。

　PTZカメラ自体は昨年度と全く一緒であるから、ズームしてどれぐらい詳細に見えるか、フレームレートがどうなのかといったようなのは先程お見せしたデモ動画と変わらないが、十分リアルタイムでかつ精細な映像が見えると思う。今年度作ったものは、実は高校の生徒さん達には再来週実際に持っていき見てもらおうと思っているのであるが、現時点で私自身が課題だと思っていることをいくつか記す。

　まず考えられるのは音声の双方向性である。これはシステムに組み込まずともZoom等を使うことで音声のやり取りができるので、まずそれをやってみようと考えている。そうすることでシステムに音声の双方向性とかを追加した時にどのような課題があるのか分かると思う。

　それから同時接続数の問題がある。アプリ自体はWebアプリであるので、複数の人がQuest2をかぶって360度画像をそれぞれ好きな方向を同時に見る事はできるが、PTZカメラが1台しかないので、これを操作できるのは1人だけになってしまう。それがシステム全体としての制約事項になっている。そのため2人同時に、3人同時に、となるとPTZカメラの数を増やす必要があるのだが、これの配置の仕方で学びに変化があるのではないのかと考えていて、例えばPTZカメラと180度魚眼カメラは必ず対にあるべきなのだが、この対をもう1つ圃場の反対側に置いて、2人の生徒さんが観察すると、身体的にはリアルワールドでは隣同士に座って、つまりオーラルコミュニケーションができるところで、視野空間は離れたところから反対から同じ対象物を観察したりすると何か面白い気づきがあるのではと思っている。以上が今考えている課題である。

## 4. 将来展望

　将来展望については、少し将来になると5Gネットワークが全国あま

ねくサービスインすることになると思うので、そうするとどこからでも4K映像のリアルタイム転送が可能になると思っており、その頃には4KのIPネットワークカメラなども普通に出てくるだろうから、より詳細な映像が見られるようになると思っている。
　更に将来になってBeyond 5Gの時代になると、触覚、テレプレゼンス、アバターロボットというものが実用化されてくるだろうと考えている。
　こういった未来技術を研究開発しているチームがNICTの中にあり、次世代技術と研究開発連携することでより高度なXR遠隔実習システムが目指せるのではと思っている。
　ここまであまり詳しい話をしてこなかったが、なぜビニールハウスの隅にカメラをつけているのか、動き回れるロボットもあるのだからそれにつければいいのでは、という指摘もあるかと思う。実際に農業実習をしている圃場であるので人間が動き回れること、作業ができることが一番大事なので、そこに開発途上にあるようなシステムとかロボットというものを置くと邪魔であるし、転んだ時には誰が拾いに行くのかという話になる。少なくとも我々のこの農業実習の取り組みの中ではそういった不安定な技術は使わず、既に確立されて、かつ低予算で実現できるものを目指して作っているので、こういった将来技術というものは将来もう少しロバストになった時に使うと考えている。
　ところでNICTの総合テストベッド研究開発推進センターという私が所属しているところではDCCS（データセントリッククラウドサービス）というものを最近リリースし、これから続々と色々な機能をサービスして行こうとしている。これはどういうものか一言で言うと、NICTが提供するクラウド的なテストベッドサービスである。これは、「多様なデータとそれを活用する機能をWeb APIとしてユーザーに提供し、それらをデータや機能を活用したアプリケーションやサービスの開発を可能とすることを目的とする」といったようなサービスである。
　詳しくはDCCS、NICTで検索するとすぐ分かるかと思う。平たく言うと、我々のこのVR遠隔実習システムに限って言えば、ユーザーが既

にカメラを自分が見たい所に設置してあり、Quest2を持っているのであれば、サーバー側の機能とかネットワーク側の機能は、このDCCSを使うことですべてNICTが持つということで、面倒な仕組みを自分で作らなくてもVR遠隔農業実習アプリが試せるというサービスである。あくまでもテストベッド的なサービスであるので商用利用はできないが、まずはここのシステムを使ってお手軽に試していただいた後でビジネスに広げていくきっかけを作っていただくといったようなものである。

VR遠隔実習用のWeb APIに関しては、多分来年度サービスを開始することになると思う。

システムの仕組み全体としてはユーザーが独自機能を追加したアプリも作れるので将来サービスインが予定されている中にある多言語音声同時翻訳、NICTには音声をリアルタイムに翻訳するということを研究しているチームがあり、そこがAPIを提供するので、母語が違う人同士が同時にVR実習アプリを覗いて、音声翻訳しながら観察するといった事が将来できるようになると考えている。

## 5. まとめ

筆者の話ではNICTと宮城県の加美農業高校が取り組んでいる遠隔農業実習VRシステムついて紹介した。映像IoTや映像伝送プロトコルHpVT、それから3次元映像はめ込み技術などの要素技術を応用することで、廉価な民生品だけでシステムを構成した。

圃場農業用途だけに限らず遠隔地を臨場感をもって詳細に観察するような用途に応用ができるのではないかと考えている。カメラを2台使うことで現状存在するモバイル回線を使った主にネットワーク上の技術的な課題をクリアしている。

この農業研修システムもそうであるし映像IoTのような要素技術もそうであるが、横展開できるとよいと考えており、特にDCCSを利用した実習や共同研究のご相談があればお待ちしている。

# 第 11 章　XR 技術を活用した教育メタバースの構築

東 昭孝（金沢大学）

## 1．はじめに

　本講演は、金沢大学のXRスタジオからオンライン配信している。3Dデータを利用したバーチャルスタジオで、様々な効果を演出することができるスタジオである。

　金沢大学は、1949年に国立大学になった。前身の石川師範学校から金沢工業専門学校など様々な学校と統合しながら現在に至っている。現在学生数約10,500人、職員数約3,700人、そのうち教員約1,200人、主要キャンパスとして3つのキャンパスがあり、附属病院や附属高校等の附属施設もある。

　私が所属している金沢大学 学術メディア創成センターは、2021年度に全学のDXを推進するための組織として改組された。

　現在は、教育を中心としたDX活動を行っており、特に次世代の教育システムを目指して、XR技術を活用しつつ、DX教材の開発や配信・視聴システムの開発、XRスタジオの整備等を行っている。

## 2．DX 推進体制

　それでは、まずDX推進体制について説明する。金沢大学の情報系組織の中に学術メディア創成センターがある。前身の総合メディア基盤センターの業務も引き続き行っており、そのうえでDXを推進するために教育DX推進タスクフォースが立ち上がった。

　教育DX推進タスクフォースは、本センターの中から選出されて教員3名、専門業務職員4名、技術職員1名、技術補佐員2名の計10名で活動している。この中の専門業務職員はDX推進のために新たに増員された人員であり、民間企業でソフトウェア開発や3Dモデリングを行って

いた専門性のスキルが高い人材を確保した。また教育支援として大学のFD活動等で活躍していた人材もいる。

## 3. DXシステム整備

ここからは新しいスタジオのDXシステム整備について説明する。こちらも3Dのスタジオになっている。それではスライドに移りたいと思う。こちらはDX教材データベースシステムと言い、DX教材をブラウザから利用可能なシステムである。DX教材をアップロードして、LMS等から呼び出すことで、通常のパソコンやスマートフォンから、DX教材を利活用することが可能である。

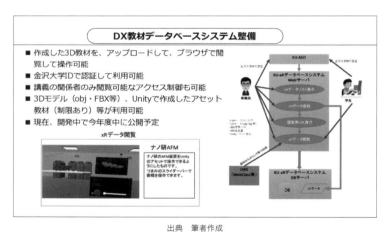

出典　筆者作成
図1　DX教材データベースシステム整備

DX教材であるが、3DモデルのOBJ・FBXなどのものやUnityで開発したアセット教材なども利用可能になる予定である。現在開発中で今年度中には公開する予定である。続いて、XRキャンパスシステムについて紹介する。XRキャンパスシステムは、メタバースで講義やイベント等を行うために、現在整備を進めている。

第 11 章　XR 技術を活用した教育メタバースの構築

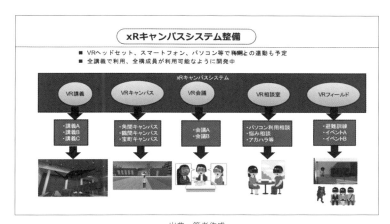

出典　筆者作成
図 2　DX 教材データベースシステム整備

　この図のように VR ヘッドセットで、様々な用途で利用できる。このシステムにより、臨場感がある講義や通常では体験できない現象等を体験することができる。

　またパソコン・スマートフォン等のマルチデバイスに対応して、全構成員がいつでも利用可能にする予定である。メタバース空間内で自分の分身のアバターとなり講義に参加できる。3D データで作成した DX 教材を呼び出して利用することが可能で、移動、回転、拡大縮小が可能である。このメタバース空間内では 360 度の映像を利用して講義が可能である。複数の人が講義やイベント等をメタバースで体験可能なシステムとなっている。

　続いて、DX 教材について少し説明する。様々なシステムを開発しているが、そのシステムで利用するための DX 教材を効率的に作成するために様々な作成方法に取り組んでいる。

　手法として、3D モデリング、3D スキャナー、360 度カメラ、写真から 3D データを作成可能なフォトグラメトリという技術を利用するなどして、様々な手法で効率的に 3D データを作成している。

それぞれの手法による、特徴は表1のとおりである。手法により、様々なメリットデメリットがある。

**表1　DX教材作成方法の比較表**
出典　筆者作成

■様々な手法でDX教材で重要な位置づけの3Dデータを作成中
・DX教材作成方法の比較表

|  | 費用 | 習熟時間 | 作成時間 | 完成度 | 後加工 |
| --- | --- | --- | --- | --- | --- |
| 3Dモデリング | ◎ | × | × | ◎ | ◎ |
| 3Dスキャナー | × | ○ | ○ | ○ | △ |
| フォトグラメトリ | △ | △ | △ | ○ | △ |
| 360度静止画・動画 | △ | ◎ | ◎ | ○ | ○ |

　オープンデータも活用している。国土交通省の3D都市モデルオープンデータの金沢大学キャンパスモデル等も利用している。

　学内に蓄積している研究データもDX教材化している。例えば、原子間力顕微鏡で計測されたタンパク質分子のサーフェスデータを変換してVR空間で観察できるようにしたり、海底で腐食する生物組織のX線CTスキャンで得られた骨組織をVR内で観察できるようにしたりして、教材として用いる予定である。

　DX教材は、ただ3Dデータとして作成しているのではなく、Unityを利用して、様々な効果や演出ができるように教育効果として意味のある教材として作成に取り組んでいる。

## 4．スタジオ整備

　続いて、新しいスタジオから、スタジオ整備について紹介する。まずXRスタジオを紹介する。XRスタジオは、センター内1階の演習室を改

第 11 章　XR 技術を活用した教育メタバースの構築

修して作成した。グリーンバックを利用した背景の合成や、先ほどご説明した、3Dモデルを使った仮想空間の創成が可能である。

出典　筆者作成
図 3　xR スタジオ整備

　仮想空間は、この図にある機器の、リアルタイムVFXシステムのVizrtというシステムによるものである。このVizrtは世界中のテレビ局で利用されており、一言で言うとグラフィックVFXの演出が可能なAR合成システムである。こちらはサッカー中継の配信などでも使われており、歌番組やeスポーツの中継、アーティストのコンサートなど、さまざまな用途で利用されているシステムである。図4はXRスタジオの概要図である。
　この図では、左側が入力、右側が出力を示している。まず、入力から説明する。YouTuberなどがやっている合成は、この①の、カメラ映像にグリーンバックを合成したものである。センターのXRスタジオでは、導入した②Vizrtにより、リアルタイムVFXとの合成が可能となっている。また、このVizrtで使用しているカメラは、PTZカメラというトラッキングができるカメラである。トラッキングとは、場所を感知し

て、ズームや横移動など、カメラを振っても場所を特定することができるシステムのことである。

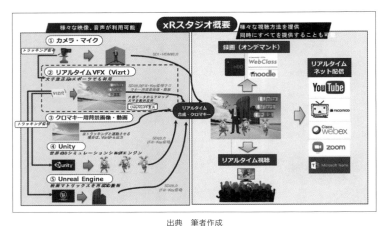

出典　筆者作成
図4　xRスタジオ概要

　このトラッキングカメラを使うことで、Vizrtで表示する仮想空間や360度映像をズームやパンにより、背景空間と演者や3Dオブジェクトと連動させて、臨場感のある演出が可能となる。その他、リアルタイムゲームエンジンであるUnityやUnreal Engineから動きのあるオブジェクトとも合成することができる。次に、右側の出力方法について説明する。合成後の映像は、今回のようにリアルタイムに配信できる。また、録画機能もあるためスタジオで録画したものを、オンデマンド講義としても配信できる。このXRスタジオの特徴は、ただ録画して編集するのではなく、これらをリアルタイムに実施することが可能な点である。
　2つ目のスタジオは多目的教室にあるスタジオである。必要な場合のみグリーンカーペット、カーテンを準備して、クロマキーを利用した撮影が可能である。
　本XRスタジオでは、カメラが何台か設置されており、登場時は別の

第 11 章　XR 技術を活用した教育メタバースの構築

カメラを使用した。ドリー（dolly）を使用すれば、臨場感のある撮影も可能である。もう 1 つのカメラは、場所が特定可能なトラッキングシステムを搭載したカメラである。今までの配信は、このようなスタジオからお送りしていた。上には、ワイヤーカメラが付いており、それを利用して上空からの撮影をすることも可能である。これらのスタジオを利用して、講義の DX 教材イベントの撮影、学会等の発表のオンライン配信などで利用している。Unity を使って様々な効果を出すこともできる。Kinect を利用して、手を認識して手の動きに合わせて、3D 教材を動かすこともできる。またパーティクルを利用して、リアルな花火を打ち上げこともできる。花びらを降らせたり、雪を降らせたり、クラッカーを鳴らしたり、鳩を飛ばすこともできる。3D データの鳩のため、カメラを振っても立体感のある自然な演出が可能である。

## 5．Unity 支援

次は Unity 支援を紹介する。DX の取り組みの各所で利用している Unity であるが、教員の研究でメタバースを利用したいという声が大きくなってきており、Unity を使って支援している。Unity の講義であるが今年度は 3 科目を開講した。Unity を使うだけではなく、学生にも Unity を取り組む機会を与えて、様々な DX 活動に関わってほしいと思っている。Unity とは関係ないが、リアルタイム VFX の Vizrt の講義も 1 科目予定している。今後、学生がこのスタジオを利用して、撮影出来るようにしていきたいと思っている。

## 6．まとめ

DX 活動としては様々な取り組みを行っており、DX 教材は、作成から XR スタジオ撮影・XR キャンパスシステム等のシステム利用・今回は紹介しなかったが MR ヘッドセットの利用と一連の流れで様々な用途で利用可能である。

課題として、3D データやシステム整備を行うために、専門性の高いス

キルが重要と思っている。人材の確保や効率的に学習してスキルを身に着けることが重要で、今後もメタバース、XRを中心として、DXとしてスピード感をもって様々なシステムの整備と取り組みを実施予定である。

# 第12章　総務省におけるメタバースに対する政策議論

高村 信（総務省）

　本稿は、2022年12月3日に予定していた講演内容に加え、2023年7月18日に公表された「Web3時代に向けたメタバース等の利活用に関する研究会（以下、単に「研究会」という）」[1]の取りまとめに至るまでの議論を元に作成したものである。

## 1. はじめに

　2021年10月に、米国ビックテックの一角であるFacebook社がMeta Platformsに社名を変更したことで、メタバースという語が世界中に知れ渡った。概念としては、2000年代半ばに巻き起こったSecond Lifeや、MMORPGをはじめとしたオンラインゲームなどにより、活動空間としてのサイバー空間が広く認識されていたが、それを呼び指すものとしてシンプルかつ分かりやすい名前が与えられたことにより、一気にバズワードと化した。同時に暗号資産ブームに端を発するWeb3ブームと相まって、イノベーター層に一種の理想郷として受け入れられたこともあり、非常に高い注目を浴びた。

　このような背景から、総務省では2022年8月に「Web3時代に向けたメタバース等の利活用に関する研究会」を設置し、どのような政策課題があるかの検討を始めた。それに際し、メタバースは未成熟な概念であるために定義があいまいであり、政策の議論をするには非常に不向きな対象でもあった。このため、同研究会ではメタバースについて図1に示すように、「臨場感・再現性」、「自己投射性・没入感」、「インタラクティブ」、「誰でも参加できること」の4つの要件を満たすものと定義した上で検討を行うこととした。この定義は、世間一般に言われている定義から

「相互運用性」「永続性」「経済活動が可能」などを除外したものとしており、結果、いわゆる「メタバースの特長」を捉えたものとはなっていない。これは本検討が「メタバースでは何ができるか」という可能性を探る議論ではなく、「メタバースの登場に伴い生じる新たな課題は何か」を探る議論であり、課題を広く捉える必要があるためである。このように定義することで、「メタバース的なオンラインゲーム」や「一過性のイベントに用いられるもの」を検討対象に包含した。

　いずれにせよ、ユーザーが仮想空間に入り込み、現実感／非現実感を持ちながら、他者とかかわりつつ活動する、という従来のインターネットとは異なる使われることを念頭に、政策課題の抽出を試みた。

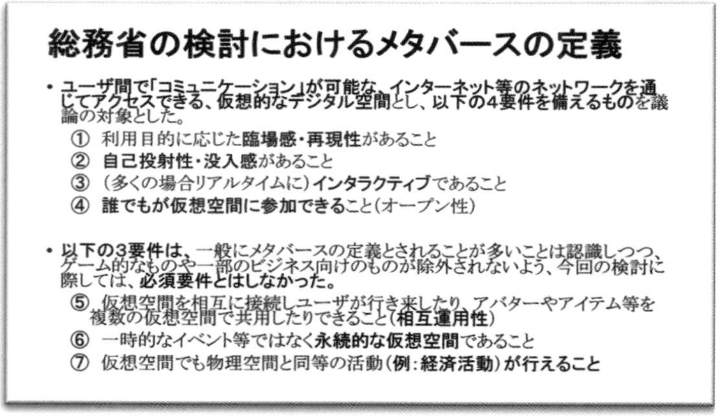

### 総務省の検討におけるメタバースの定義

- ユーザ間で「コミュニケーション」が可能な、インターネット等のネットワークを通じてアクセスできる、仮想的なデジタル空間とし、以下の4要件を備えるものを議論の対象とした。
  ① 利用目的に応じた**臨場感・再現性**があること
  ② **自己投射性・没入感**があること
  ③ （多くの場合リアルタイムに）**インタラクティブ**であること
  ④ **誰でもが仮想空間に参加できる**こと（オープン性）

- 以下の3要件は、一般にメタバースの定義とされることが多いことは認識しつつ、ゲーム的なものや一部のビジネス向けのものが除外されないよう、今回の検討に際しては、**必須要件とはしなかった。**
  ⑤ 仮想空間を相互に接続しユーザが行き来したり、アバターやアイテム等を複数の仮想空間で共用したりできること（**相互運用性**）
  ⑥ 一時的なイベント等ではなく**永続的な仮想空間**であること
  ⑦ 仮想空間でも物理空間と同等の活動（例：**経済活動**）が行えること

出典　研究会報告書をもとに筆者作成
**図1　メタバースの定義**

## 2.「中の人」問題

　メタバースの最大の特徴として、「自己投射性」の反射である「アバター」と呼ばれる「分身」を通じて他者や空間と関係を持つ点が挙げられる。これにより、操作性に関する課題はあるものの、リアル空間でできる行為であれば何でも、サイバー空間でもできることになる。即ち、破

壊行為を含む暴力的行為、わいせつ的な言動やいわゆる「メタバース痴漢」を含む性的嫌がらせ、ストーキング、なりすまし、盗聴・盗撮、暴言・名誉棄損等、多様な「望ましくないと思しき行為」がリアル空間よりも簡単に行われるリスクがある。

　これらのリスクを防ぐためには、これら「望ましくないと思しき行為」が違法・不法であることが期待されるが、現在の刑法・民法の対象は、原則としてリアル空間の人（法人を含む）に対する行為に限られる。例えば、「破壊行為」は「モノを破壊すること」そのものをもって違法性が問われるのではなく、「他人が権利を有するモノを破壊することは権利侵害である」が故に違法性が問われるのである。したがって、メタバース空間内で他人が権利を有するオブジェクト・アバターへの行為はリアル空間と同様に扱われる蓋然性が高い。ただし、意匠権・商標権などの知的財産権は、その権利の範囲について予め限定していることが多く、この考え方がそのまま適用されるとは限らない点には留意が必要である。これら知的財産権については、内閣府知的財産戦略本部が設置した「メタバース上のコンテンツ等をめぐる新たな法的課題への対応に関する官民連携会議」[2] が中心となって検討しているので適宜参照されたい。

　また、名誉棄損や罵詈雑言を浴びせるなど直接的に人に対する行為について考えると、「中の人がいる」アバターに対する行為には違法性が問われたとしても、NPCのように「中の人がいない」アバターについては被害の主体が存在しないので、何をしても違法性が問えない蓋然性が高いことになる。即ち、同じ行為を働いたとしても、対象となるアバターの「中の人」の有無で違法性の有無が変わる可能性があり、その扱いも論点となる。更に同じNPCであったとしても、「ユーザーが作ったNPC（AIによる自動制御などによるbot）」の場合、「一見「中の人」がいないように見えて実際には「中の人」がいる」、もしくは「中の人はいないが、罵詈雑言の内容によっては「作った人」への違法行為になる」など、リアル空間では想定する必要がないケースも存在する。このように、アバターの主体明示されていないと法的な位置づけが不明となりかねないという

問題が生じうる（図2参照）。

　さらに、法的な位置づけが明確となったとしても、解決が難しい問題が残る。現在、サイバー空間における「権利の侵害」行為については、有限プロバイダ責任法に基づく「発信者情報開示」などを通じた権利回復に向けた手続きがある程度確立している。しかし、有限プロバイダ責任法が想定しているのは、掲示板やSNSのように発言が残り、発信が続くことを前提としたサービスを用いた権利侵害であり、メタバース空間で行われるリアルタイムの発言・行為の証明は（サービス提供者がログを残すことが「通信の秘密の侵害」に該当し、違法である可能性を考えると）リアル空間で行われた行為と同様、困難である可能性がある。

　加えて、行為の実施が証明できたとしても、リアル空間で行われれば刑法罰の対象となりうる「メタバース痴漢」については、物理的接触がない以上、単なる「快・不快の問題」となる可能性すらある。即ち、親しい間柄の相手からの行為であれば許容される若しくはポジティブな行為が、相手によっては「権利侵害」であるとするのは、一昔前にネット空間で流行した「（イケメンに限る）」問題と同じ課題を内包しており、既存の法制度では対応困難である蓋然性が高い（図2参照）。

　このように、メタバース空間における「望ましくないと思しき行為」への対応は法制度だけでは対応しきれない面があり、メタバース空間がどのような空間であるべきかの社会的コンセンサスの構築が望まれる。

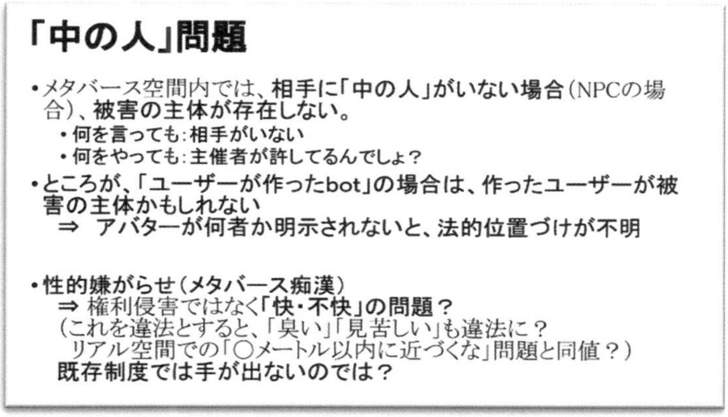

第12章　総務省におけるメタバースに対する政策議論

> ## 「中の人」問題
> 
> - メタバース空間内では、相手に「中の人」がいない場合（NPCの場合）、被害の主体が存在しない。
>   - 何を言っても：相手がいない
>   - 何をやっても：主催者が許してるんでしょ？
> - ところが、「ユーザーが作ったbot」の場合は、作ったユーザーが被害の主体かもしれない
>   ⇒ アバターが何者か明示されないと、法的位置づけが不明
> 
> - 性的嫌がらせ（メタバース痴漢）
>   ⇒ 権利侵害ではなく「快・不快」の問題？
>   （これを違法とすると、「臭い」「見苦しい」も違法に？
>   リアル空間での「○メートル以内に近づくな」問題と同値？）
>   **既存制度では手が出ないのでは？**

出典　研究会報告書をもとに筆者作成
図2　「中の人」問題

## 3. 相手は信用できるのか

　「中の人」問題は、経済活動を前提に置くと、さらに問題が複雑となる。リアル空間では、自然人が信用を勝ち得たり、信用に足ると評価されている第三者に成りすますことには一定の困難が伴う。メタバース空間をはじめとしたサイバー空間でも、信用を勝ち得る困難は同様であるが、アバターの見た目やハンドル名・アカウント名などで、第三者に成りすますことは、リアル空間と比較して圧倒的に容易である。これを防ぐには、電子署名といった極めて厳格かつ確実ではあるが手間やコストがかかる方法から、アカウント認証など通常のサービスログイン手段の活用など、多様な手段が現に存在している。

　その一方で、相手が「法人」の場合、その確認のハードルは極めて高いものとなる。すなわち、リアル空間では「店舗」や「制服」など、成りすましに必要となるツールの構築費用が相応に必要となり、また当該ツール構築に伴う証跡も残りやすく、第三者の気づきなど発覚のトリガーも多数存在するため、組織的な詐欺行為などを除き、多くの場合「割に合わない」ことから実行に移される懸念は低い。その一方で、メタバース

空間上で別の法人に成りすますことは、コストの低さや、オマージュである可能性があるが故に積極的な接触を図らない限り本物か偽物かを判断する必要性が低く第三者が気づきづらいことなどから、リアル空間と比して、圧倒的に容易となる。

　加えて、従業員が「アバター」である場合には、当該従業員個人が誰であるかを確認可能であったとしても、当該法人の従業員であることを証明する手段を用意することは容易ではない。ビジネス専用のメタバース空間を作る、従業員専用のアバターを作る、などの手段は用意しうるが、その場合には、「メタバース空間上で担う役割」ごとにアカウントやアバターを使い分けるか、専用の空間を用意するなど、メタバース空間の連続性を放棄する必要が生じ、リアル空間と同じような「シームレスな空間」たりえなくなる。もちろん、イベントやオンラインモールのように「シームレスではない」ことのメリットもあるが、「シームレスではないことが強いられる」のであれば、それはリアル空間の代替たりえないことに直結する。言い換えると、現在のサイバー空間が、SNSなどの「交流の場」、ｅコマースなどの「商流の場」、企業の公式サイトなどの「説明の場」が独立に存在し、かつそれぞれの正当性がURLとサーバー認証により証明されている以上に利便性の高い空間とはならない懸念を打ち消すことができていない。

　特に、経済活動という前提に立った場合、提供する側は対価さえ得られれば相手方を問う必要性が低い、すなわちリスクは提供を受ける側、消費者側が一方的に負う構造となっているが故に、問題解決への道のりは困難であると考えられる。これはメタバース空間の提供側、すなわちプラットフォーマーから見ると、少数ではあるが高いコスト負担が期待できるビジネスユーザーにとっては小さな問題である一方、極めて大多数ではあるがコスト負担は低いコンシューマーが個々の場面で小さなリスクを受容すれば良いため、社会的批判が発生しない限り、問題解決のインセンティブが高まりづらい問題であるためである。

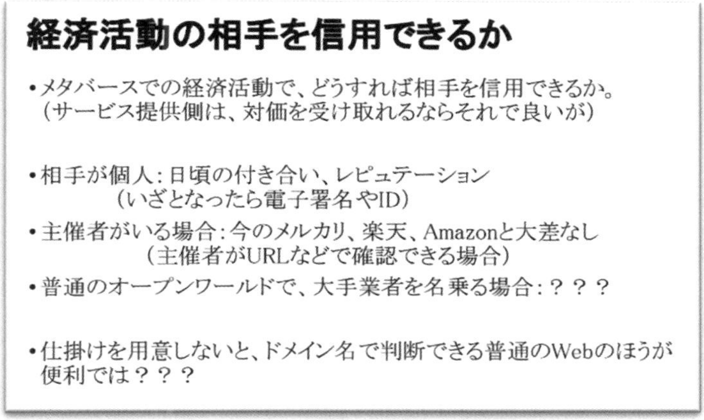

第 12 章　総務省におけるメタバースに対する政策議論

> **経済活動の相手を信用できるか**
>
> ・メタバースでの経済活動で、どうすれば相手を信用できるか。
> 　（サービス提供側は、対価を受け取れるならそれで良いが）
>
> ・相手が個人：日頃の付き合い、レピュテーション
> 　　　　　　　（いざとなったら電子署名やID）
> ・主催者がいる場合：今のメルカリ、楽天、Amazonと大差なし
> 　　　　　　　（主催者がURLなどで確認できる場合）
> ・普通のオープンワールドで、大手業者を名乗る場合：？？？
>
> ・仕掛けを用意しないと、ドメイン名で判断できる普通のWebのほうが便利では？？？

出典　研究会報告書をもとに筆者作成
**図3　経済活動の相手を信用できるか**

## 4. プラットフォーマーによる対応への期待

　いずれにせよ、上述の問題の多くは、プラットフォーマーが提供する個々のメタバース空間が提供する「ルール」に依存する。

　例えば、メタバース痴漢であれば、「相手が見えない・聞こえない」機能を提供すれば、（気持ちの悪さは残るが）不快さは感じなくて済む。その一方で、このような機能を無制限に提供すれば、「学校のクラス一同で同じメタバース空間に入っているが、特定の誰かは他の全員から「見えない・聞こえない」設定にされている」といったイジメ（居ないかのように振る舞うのではなく、本当に存在しない状態になってしまう極めて悪質な状況）が発生することになるため、機能の発動には一定の制約やコストを課すなど、相応に慎重な対応が求められる。

　いずれにせよ、メタバースは未成熟であるが故に、プラットフォーマーが担うことが期待される役割は多い。即ち、ユーザーがやって良いこと／やっていけないことや、推奨される振る舞いなど、提供する場がどのような場なのかを分かりやすく伝えることが求められる。例えば、

他の人と楽しく交流しようと思ってログインしたら、最後の1人になるまで殺しあうバトルロイヤル・ゲームの場であった、という事態は避けなければならない。このため、ユーザーにとって、そのプラットフォームがどのような場であるか、わかりやすく説明される環境の整備を進める必要がある。

　また、より良いメタバース空間が醸成されるためには、ユーザーが自由に空間を選べること、即ち、他の空間への移動・移行が容易であることが求められる。後から登場したメタバース空間の方が多くのユーザーにとって好ましいものであったとしても、従前から広く使われている空間からの移行が困難であればユーザーの移行は進まないこととなり、より良いものを産むのではなく、如何に早く囲い込むかの競争となりかねない。このようなことから、データフォーマットの標準化をはじめとしたメタバース空間間の互換性を高める取り組みを早期に行っていくことが必要となる。

## 5．まとめ

　これらの観点から、国としては以下の3点を積極的に進めていくこと

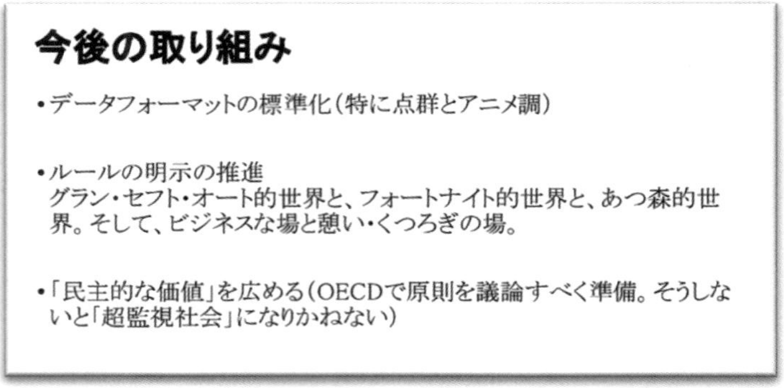

**今後の取り組み**

- データフォーマットの標準化（特に点群とアニメ調）

- ルールの明示の推進
  グラン・セフト・オート的世界と、フォートナイト的世界と、あつ森的世界。そして、ビジネスな場と憩い・くつろぎの場。

- 「民主的な価値」を広める（OECDで原則を議論すべく準備。そうしないと「超監視社会」になりかねない）

出典　研究会報告書をもとに筆者作成
図4　今後の取り組み

が求められると考えている(図4参照)。

一点目は、データフォーマットの標準化である。国際的な動向としては、「メタバース・スタンダード・フォーラム」による取り組みなどがあげられるが、これらの動きは「レンダリングするリアルな3Dフォーマット」を中心としたものであり、リアル空間の状況をリアルタイムに投影する「点群」や、Vtuberなどの多くが利用しているアニメ調のアバターなどには対応していないため、その点の支援が求められる。

また、プラットフォームごとに多様なルールを提供しやすいよう、その空間に適用されるルールのわかりやすい明示も求めていく必要がある。

そして最後に、メタバースは人類に与えられた新たな活動空間であり、その場は民主主義の価値が尊重される自由な空間であることが求められ、その理念はG7デジタル・技術大臣会合閣僚宣言や、G7広島サミット首脳宣言に盛り込まれた。この理念の実現に向け、国際議論を喚起し、社会実装に取り組んでいかなければならない。

[1] https://www.soumu.go.jp/menu_news/s-news/01iicp01_02000120.html
[2] https://www.kantei.go.jp/jp/singi/titeki2/kanmin_renkei/index.html


高村 信
平成8年3月早稲田大学大学院理工学研究科修士課程修了
平成8年4月郵政省入省
インターネットガバナンス、サイバーセキュリティ対策、研究開発などICT政策企画立案に主に従事。
令和4年7月から総務省情報流通行政局参事官として、メタバースやAIなどのICT政策企画立案を担当。

# 第13章 『cluster』がもたらすユーザー体験からみえてきたメタバースと教育の未来

田中 宏樹（クラスター株式会社）

## 1. はじめに

　本稿では、メタバースと教育の融合を目指す本フォーラムのテーマに基き、クラスター株式会社におけるメタバースプラットフォーム「cluster」の運営経験を踏まえ、教育分野におけるメタバースの活用法について提案したいと考えている。まず初めに、筆者および当社とそのプロダクトについて簡潔に紹介した後、現段階で「cluster」およびメタバースが実現可能な事項、さらには将来、メタバースが教育にどのように貢献可能であるかについて論じる。

　筆者は、クラスター株式会社の共同創業者および最高技術責任者（CTO）として、メタバースの開発に従事している。京都大学の理学部にて物理学を専攻し、その後のプログラミングやWebサービスを通じたゲーム開発の経験を経て、VR技術に出会う。この出会いが、現在に至るアプリケーションやメタバースの制作活動へとつながっている。

　当社、クラスター株式会社について概説する。2015年の創業以来、現在に至るまでアルバイトを含む約200人の組織体として、VRメタバースの領域で事業を展開している。当社のミッションは、「人類の創造力を加速させる」ことにある。このミッションを達成するためのビジョンとして、バーチャル経済におけるインフラストラクチャーの構築を目指している。

　人々の想像力を引き出し、創作活動を促進するためには、制作された物が売上や利益を生み出し、それが新たな創作の動機となるサイクルを構築することが重要であると我々は考えている。この考え方は、我々のビジョンの核心をなしている。プロダクトについては、メタバースプラットフォーム「cluster」がそれに該当する。これは、VRに限定され

ず、パソコンの2D画面やスマートフォンからもアクセス可能なマルチプラットフォームに対応している。

## 2. 教育利用における「cluster」及びメタバースの適合性について

　次に、教育利用における「cluster」及びメタバースの適合性について、アバターの観点から述べる。サービス内にはアバターのみならず、ワールドやイベントといった多岐にわたる要素が存在する。メタバースの特徴的な側面として、3D空間上でユーザーがアバターを用いて生活し、経済活動を行い、遊びを楽しむ点が挙げられる。特に、ユーザーがメタバース上で好みのアバターを所有し、利用できることは、このサービスの顕著な特性である。

　「cluster」ではアバターメーカーと称する機能を通じて、衣服や髪型など様々な要素を組み合わせ、独自のアバターを創出するシステムを備えている。また、「cluster」のサービスは外部で制作されたアバターを取り込むことも可能であり、ユーザーは自身のアバターを所有することができる。外部で制作する場合にはアプリケーションを用いる方法や、VRMというフォーマットで外部ツールを使用して制作されたアバターを取り込むなど、様々な方法が存在する。これらのアバターをクラスターに持ち込み、自身の仮想空間内で第2の身体として利用するシステムが設けられている。

　基本的に「cluster」というサービスはVRの使用を前提としており、ユーザーはヘッドセット、ヘッドマウントディスプレイ、及び両手に持つコントローラーによる3点のトラッキングを基本としている。これにより、現実世界での手の動きや頭の動き、横を向く動作や上を見る動作などが基本的な操作となり、これらの動きがメタバース内で反映される。さらに、トラッキングデバイスを追加することにより、全身の動きを現実世界からメタバース上に反映させることが可能となっている。現在は6点トラッキングだが、このシステムは近い将来11点トラッキングまで拡大する予定であり、より現実世界の動きを忠実に反映させるシステ

ムへと進化する見込みである。

　VRユーザー以外も「cluster」をスマートフォン等で使用する場合、全身トラッキングのシステムは存在しないが、エモート機能などを用いて全身の動きを示すことが可能となっている。エモート機能とは、喜びや驚きなど様々な感情を表現するための機能であり、感情に応じた動きをメタバース上のアバターが行うシステムである。このようにして、アバターを操作するシステムを通じて現実の自分を仮想空間上で表現することが可能である。

　この他にも、「cluster」の特徴について簡潔に言及する。メタバースとしての3D空間を提供するのみならず、ユーザーが自ら3D空間を創造し、その創造物がサービス内で主要な扱いを受けるという特色を持つ。空間創造のシステムもクラスター社によって提供されており、ユーザーはこの空間を利用してイベントを開催することが可能である。教育利用の文脈においては、メタバース上で学校のイベントや授業を実施するという利用法も考えられる。

　アバターや3D空間、ワールドといった作成物を販売することや、それらを作るためのパーツを販売することにより、クリエイターが収益を得ることができるという仕組みが存在する。クラスター株式会社は、この種のサービスを2016年にベータ版として公開し、以降、継続的に改良を加えながら開発・運営を行ってきた。このサービスを提供してきた経験を基に、どのような側面が教育利用に適しているかについて論じる。

　筆者は教育現場の人間ではないため、外部の視点から現在の教育現場に存在するであろう課題について述べる。コロナウイルスの流行により、2020年以降、大学から小学校に至るまで、教室に集まることが困難となり、その結果、Zoom等のオンラインミーティングツールを用いた授業が増加した。この状況が2年以上続いたことにより、教育現場においても様々な課題が顕在化していると考えられる。Zoomを用いた授業では、話している側が一方的に話を進め、聞いている側の反応が把握しにくいという問題がある。Zoom等を使用した際、聞き手の反応が全くわ

からず、壁に向かって話しているかのような感覚に陥り、聞き手がどの程度話に共感しているのか、頷いているのか、疑問に思っているのかが判別できない。これは、実際に学校でZoomを使用してオンライン授業を行っている際に、教員も同様の状況にあるのではないかと推察される。話した内容に対する生徒の理解度が把握できないという問題がある。

もし実際に教室に集まって行われる授業であれば、学生の様子を観察し、理解していない様子であれば補足説明を行うことが可能である。しかし、オンライン授業ではそのような対応が困難である。カメラのオンオフ問題については、Zoomのようなツールを用いた登壇や社内ミーティングでは頻繁に遭遇するが、聞いている側がカメラをオフにしていることが多い。カメラがオンであれば、聞いている側の反応はある程度把握できるが、オフの場合はそのような反応が捉えにくいという問題が存在する。

ただし、聞いている側も個人の状況により、容易にカメラをオンにすることができないという問題が存在する。教育の場だけでなく、仕事においてもリモートワークやテレワークが一般化しており、自宅で仕事をしながら会議に参加する際、自分の顔や部屋を映す準備ができないことが多い。この点に関する抵抗感を持つ人は非常に多く、そのためにカメラをオフにしてしまうと、さらにコミュニケーションやフィードバックの取得が難しくなるという問題が関連している。

聞いている側の様子が見えない場合、Zoomを通じた授業中にもかかわらず、実際には授業に注意を払わずにゲームをしていたり、他の課題に取り組んでいたりする状況を検出することが困難となる。以前、ある大学で、学生が単位を取得する目的で、オンデマンドで配信される授業を早送りで再生しているという問題が報道されたことがある。リアルタイムの授業だけでなく、オンデマンド形式の授業においても、このような問題が発生する可能性がある。

オンライン授業の増加に伴い、上述のような課題が生じるのは自然な流れであると考えられる。しかし、「cluster」のようなメタバースを活用

第 13 章　『cluster』がもたらすユーザー体験からみえてきたメタバースと教育の未来

することにより、これらの問題が解決される可能性があると考えている。メタバースは 3D の仮想空間上でアバターを用いて集まり、授業を行うため、先生も生徒もアバターが実際にその場に存在するという感覚が強まる。Zoom を用いた場合と比較して、「cluster」内で登壇する際は、聴講者となる「cluster」のユーザーがアバターで反応を返してくれるため、より話しやすいという経験がある。授業においても同様の効果が期待でき、メタバースを教育に取り入れることで、先に述べた問題が解決されると考えられる。

アバターコミュニケーションによる聞き手の反応の可視化は、聞き手が実際にその場に存在しているかのように全身の動きがリアルタイムでアバターに反映されるため、実際に集まって授業を行っている際と同様の情報量の更新を受け取ることが可能となる。このため、参加者は現実の自己の姿や部屋を見せる必要がなくなり、心理的障壁が軽減されると考えられる。また、アバターを介して授業に参加することにより、授業にフォーカスしているかどうかの判別が通常のビデオ会議ツールを用いたオンライン授業と比較して容易になる可能性がある。このようなアバターによる身体性や実在感の提供は、メタバースの利用におけるメリットであると考えられる。

## 3.　おわりに

これまで述べてきたのは、「cluster」やメタバースを教育に取り入れ、オンライン授業に活用することによって得られるメリットである。さらに一歩踏み込んで、将来においてどのような可能性が開かれていくかについて、現在存在する事例を基に紹介する。

先に結論を述べるが、メタバースを活用することにより、未来の教育現場がどのように変化していくかについては、メタバースの進化によって、現実世界では体験することが困難、あるいは実質的に不可能なことが、メタバース上で可能となるという方向に進展していくと考えられる。具体的には、現在の事例を参照すると、メタバースというよりは VR の

シミュレーターやツール等の文脈であるが、球技や格闘技などのスポーツトレーニング用途でVRが活用されている。例えば、野球においては、実際のピッチャーからボールを投げてもらわなくても、球速や回転量のデータを入力し、想定される変化球を、映像を通じて確認しながら練習することが可能である。このようにVRデバイスやアプリケーションを使用して、現実では再現が難しい状況を再現し、それをトレーニングに役立てるという事例が存在する。

さらに、研修においても、実物を使用して訓練を行うことが危険を伴う場合や、失敗した際のリスクが大きいケースでVRが利用されている。工場内での作業シミュレーションや、建設や電気作業における危険を伴う状況、または医療現場での手術シミュレーションなどがその例である。実際の人間を用いた研修や訓練が困難な場合に、VRを活用することで、リスクやコストを抑えた状態で教育を行うことが可能となっている。メタバースが進化する中で、このような応用例が増加し、将来的にはメタバース上での教育が一般化し、現実世界よりも低コストで、さまざまな環境要因により体験できないことを体験できるようになり、教育における格差を解消していくことが可能になると考えられる。

以上をまとめると、「cluster」が提供している現状のメタバースサービスを教育に取り入れることで、コロナウイルスの流行によって生じたオンライン授業の課題に対し、一定の解決策を提供できる点が、メタバースを教育に取り入れるメリットであると言えるだろう。メタバースとデバイスの技術が進化するにつれて、バーチャル空間上で、今までコスト的、または物理的に不可能であった経験が可能となり、現実では実現できなかったことが体験できるように変わっていくと予想される。過去と比較して、現在はインターネットの普及により環境的な格差を克服できる場面が増えている。メタバースの導入により、この傾向はさらに進化し、教育の質の向上が期待される。

# 第14章　メタバース時代のICT基盤 Beyond 5G（6G）の推進戦略

栁島 智（東北総合通信局長）

## 1．はじめに

　本フォーラムのテーマは、メタバースと教育ということなので、総務省におけるメタバース時代のICT基盤 Beyond 5G（6G）の推進戦略を紹介する。

　本稿の内容はメタバース等の仮想空間の発展、メタバース時代のICT基盤、Beyond 5Gの推進戦略という流れになっている。総務省が何をやっている所か、というのはあまりご存じないと思うが、情報通信、ICT関係の許認可、それからその推進を行っている国の行政機関である。東北総合通信局はその地方支分部局である。

## 2．メタバース等の仮想空間の発展

　仮想空間の発展ということで、この「メタバース」という言葉自体は、1992年発表の小説の中に出てきた仮想空間サービスの名称であるが、それほど使われるような言葉ではなかったと思う。しかしFacebookがメタと言い始めたところで、「メタバース」がだいぶ目立つキーワードとなってきた。考え方自体は、昔からある仮想空間の話である。オンラインゲームやSNS、そういったもので今までも様々使われてきている。今日のコロナ禍でのクラスター回避といった背景で出てきているので、皆さんにもお馴染みの話であるが、メタバースはこれまでの仮想空間的な環境であるハビタットやセカンドライフから来ている流れに、オンラインゲームやSNSなど、その他のものが様々組み合わされてきたものである。今後メタバースという概念が広く一般的になってくると、こう

いうものを全て含むようなサービスの一般的な名称になるのかもしれないし、また違う名前が出てくるのかもしれない。

　2022年の情報通信白書にメタバース市場規模、売上高の推移と予測というようなものがタイムリーな形で掲載されている。中身は他のシンクタンクがまとめたものであるが、2022年に474.8億ドルだったものが2030年には6,788億ドルになるということで17倍と言っている。この間はどうなっているのかいうというのは非常に気になるところではある。このメタバース市場に関わってくるプレイヤーが、カオスマップとして示されている。皆さんにも同じみのロゴが多数見受けられる。このような人たちが、サービスなどを開発し提供して貢献していくのだろう。

　その利活用については、今更ではあるが、今日様々なところで使われている。教育でも使われているし、ビジネス、テレワークでも使われている。テレワークは総務省もだいぶ長いこと、それこそ私が役所に入った頃（約30年前）から言っていたのが、なかなか日の目を見なかった。このコロナ禍ということになり、否応なく使わなければいけなくなり、一般化したということもある。そのため、何かやってきたことが、いつどのような形で花開くのかというのはなかなかわからないところではあるが、そういった中でも、必要だと思われることについては継続してやっていくということが大切ではないかと思う。

　コロナ禍もこのくらいの時代に発生したので、テレワークもある意味、本当の意味で仕事が家でできるというような環境になっているのではないかと思う。普通の家庭でも光ファイバーをひけば1 Gbpsというあまりにも太すぎるような回線がやってくるということがあり、そのような太い回線は遅延などを吸収してくれる部分もあるので非常に使いやすくなっていると思う。おそらく10年前にテレワークを本当の意味でやろうと思ったら、多分、多くの人が出来なくて大変なことになっていたのではないのか。そういう意味で言えば、時代的にギリギリセーフではないかと思う。

　そのようなネットワークの高速化について、図1の右上のところに携

第 14 章　メタバース時代の ICT 基盤 beyond 5G（6G）の推進戦略

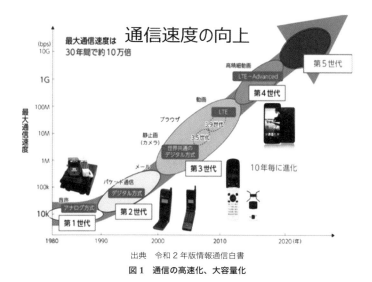

出典　令和 2 年版情報通信白書
図 1　通信の高速化、大容量化

帯電話の高速化の話が出ている。第 5 世代、すなわち 5G が 2 年前に始まった。大体 10 年毎に新しいシステムに切り替わっており、この図に示されるように、30 年間で 10 万倍というような速度になっている。この先には後で紹介する次の 6G に当たる Beyond 5G が出てくるということである。

　メタバースに必要になるのは通信回線だけではなく、コンピューターの処理能力や GPU の描画性能もある。それらが急速に上がり、本日のようなリモート会議でもアバターが動いたりして、使えるようになっているのではないかと思う。総務省ではインターネットトラヒックの推移、どういうようなトラヒックが流れているのかを推計している（総務省 「我が国のインターネットにおけるトラヒックの集計・試算」）。今までも伸びてきてはいたのであるが、ここに来てさらに伸びている理由には、コロナ禍が始まった頃に、まさにテレワークや、その他、学生さんも学校に行けなくて、家で色々ネットを見ているということなどもあったのだろう。

突然、急激に伸びてきているということがグラフから見て取れる。

　コロナ禍が終わるのか、それともこれが新たな日常になるのか分からない中であるが、この伸びがおさまるということは多分ないのだろう。もしかしたら、このバーチャルリアリティやメタバースが社会に一般的に受け入れるような形になってくれば、これまた一気に伸びる次のフェーズがやってくるかもしれない。そういう意味で総務省としてやらなければいけないのは、やはりこのICT基盤、インフラをきちんと将来に備えて整備を進めていくということである。

　先ほど私は不必要に太い回線が来ていると申し上げた。たとえば、20年前にテレビをデジタル化するという話をした時に、なぜデジタル化する必要があるんだという意見があった。別にアナログで十分だしハイビジョンなんかいらない、ということを散々言われたのである。それで今、みなさん、多分テレビを見ている時にハイビジョンを見ていて普通に綺麗だ、綺麗だとももはや思わないかもしれないが、普通に美しい画面がノイズもなく見られる。ところが、マルチ編成という裏番組が始まると、突然画面が標準画質になり、少し粗いと感じることがあると思う。若い人は見ていないだろうが、昔はそれよりも汚い画面であった。慣れというのは恐ろしいもので、1回良い方向に行ってしまうと後には戻れない、そういうことになるのである。したがって、将来もこうしてできるだけ最新の技術をタイムリーに投入していくということを続けていかないと、どんどん遅れをとるということである。

## 3. メタバース時代のICT基盤

　メタバースについて、総務省では「Web3時代に向けたメタバース等の利活用に関する研究会」を夏から開催している。この中で委員の皆様から様々な状況についてご説明を頂いている。将来、メタバースというものが一般化していくとした時に、どういった課題があるのか、またそのためにどういう普及促進策をしたらいいのか、というようなことについて検討している。昨日（12月2日）第5回が開催されたようである。最

初の予定では、この後1月頃中間とりまとめとなっており、今後検討が進められると思う。その研究会のなかで、11月末まで皆さんからのご意見、課題や推進策について公募をかけていた。そういったことも踏まえた形で進めていくのではないのかと思う。

次にICT基盤である。携帯電話の方は5Gになって、第4世代から速度が10倍になり、つながる数も（自宅の部屋の中で）100個の端末になったといった様々な特徴がある。光ファイバーも、人が住んでいる所は、日本全国99.数％で使うことができる。それから5Gの派生形でローカル5G、5Gと同じ技術を使って、自分で（構築し）、例えば工場の中であったり、あるいは農業で使ったりすることができる。Wi-Fiと違って、免許システムということもあるので、より信頼性の高い、そして低遅延のネットワークを構築することができる。Wi-Fi 6Eは6GHz帯も使用できる。今まで5GHz帯だったのが6GHz帯に拡充、拡張されて、これが2022年から使えるようになったということである。外での使い方もできなくはないということであるが、まずは家庭内に非常に帯域の広い、新しい、混信がない無線LANが使えるようになってくるのだと思う。

次に、デジタル田園都市国家構想である。2021年の秋口に岸田総理が打ちだした国家構想ということで、心豊かな暮らしと持続可能な環境社会経済を実現し、様々なことができるようにする構想である。これは、リアルだけではなく、バーチャルな話も当然入ってくるということで、表裏の関係があるのかと思う。

そういった中で、インフラも整備していかなくてはならないとあるので、総務省としてはそれに応じる形で、デジタル田園都市国家インフラ整備計画を2022年の3月に取りまとめた。

基本的には光ファイバー、5G、データセンター、海底ケーブルといったものを整備していく。それから地域協議会において自治体と通信事業者等の連携をはかっていく。さらに研究開発、5Gの次Beyond 5Gの研究

開発を進めていく、ということが言われている。

　その地域協議会ということで、東北地方においても自治体、県、仙台市、通信事業者、それからオブザーバーということでインフラシェアリング事業者、といった方々にも入って頂いている。

　特に5Gをきちんと整備していくという観点から、たとえば国の持っている設備を基地局に使ってもらうというようなことを、この協議会の中でやっている。

　そして光ファイバーの整備状況である。全国で人が住んでいるところは99.3％がカバーされているということである。東北も99.2％ということでほとんど同じくらいカバーされている。全国を並べてみると、東日本は比較的整備されているが、西日本の方でまだ足りてないところがあるという状況になっている。

　ちなみに、日経新聞がテレワークに適した環境はどうなっているのかを全国市町村について調べた結果が2021年9月4日の紙面に出ていた。その取りまとめによると、東北地方が全国8ブロックの中で一番テレワークに適しているとのことである。これは通信速度、公衆無線LANの整備状況、家の広さ、貸しオフィスの数といったものをパラメータとして検討すると、東北地方が非常に良い、ということだそうである。テレワークに良いということは、メタバースにとっても良いのではないのかなと思っている。ということで、きっとここ東北の地がメタバースの発信地になっていくのかもしれないということである。

　5Gが始まって2年経った。まだ2年ではあるが、全国的には人口カバー率が93.2％まで来ている。まだ東北地方の整備状況は若干遅れている感じではある。通信事業者、携帯電話事業者の方はどんどん基地局の更改を進めているし、新しく整備するところもあるということで、どんどん進んできている。都心部であれば比較的、5G対応のスマホを持っていらっしゃる方であれば、アンテナが立つことも多いのではないかと思う。

第 14 章　メタバース時代の ICT 基盤 beyond 5G（6G）の推進戦略

　先ほどのデータセンターや海底ケーブルについては、日本海側の海底ケーブルがミッシングリンクになっているということで、ここに国費を投じて整備していき、災害があった時にも通信が途絶えることがないようにする。それからデータセンターについても全国の7箇所に整備をするということで、これは令和3年度の第1次補正予算で500億円という予算を用意したということである。海底ケーブルの陸揚げは、多分場所的には秋田ではないかと思う。

## 4.　Beyond 5G の推進戦略

　ようやく Beyond 5G の話にきた。Beyond 5G は 5G から通信速度が 10 倍、遅延が 1/10、さらにたくさんの端末が繋がるといったことだけではなく、社会全体のインフラとして使えるようなものにも拡張していくというものである。また電力も使わないようにする、というようなことを目指したものになるだろう。まだ Beyond 5G を 6G と呼んでいないのは、まだ 6G と authorize されたものではないということであって、それからして、今後これがいったいどのようなものになるのかということが、まさに各国で研究開発競争が進んで、見えてくるということである。今年の 6 月に、情報通信審議会において Beyond 5G に関する研究開発についての戦略をまとめたときの中間答申に出てくる話であるが、Beyond 5G が実現する社会像という中で、バーチャルリアリティという話が書いてあり、また、テレワークの話など様々なものが盛り込まれている。

　ユースケースということでは、そこに書いてあるようなことは、現在の 4G、5G でも、ある程度実現できている部分はある。例えば、宇宙や成層圏というところまで含めて、あとは海上や海中なども含めたようなかたちで、シームレスに使えるような、単なる携帯ネットワークではない、というものが Beyond 5G になるのだろうと言われている。特に、この光ネットワーク、オール光ネットワークという言葉は最近皆さん聞いたこともあると思うが、どうしても電気に変換するところが入ってしま

うと、そこがエネルギーの消費の点、速度の点で大きなネックになってしまうことがある。全部光で、スイッチングから何まで全部やってしまうというようなネットワークといったものも、このコンセプトの中には入ってきているということである。

　研究開発は10課題あり、先ほどのオール光ネットワーク、それから、NTN非地上型ネットワークといったものなどがある。この辺にVRのようなものが出てくるが、こういったものも含めて実現していくというものが次世代のものであろうということで研究開発を進めていく。

　次にBeyond 5Gの研究開発予算である。私は2年前にこの担当課でBeyond 5G研究開発基金を創設し、令和2年度の3次補正予算で300億円を獲得した。これは基金ではあるが、研究としては2年間しか使えないので、2年間で300億円ということである。当時の武田総務大臣がBeyond 5Gのために5年間で1,000億円を用意すると表明し、その後令和3年度の補正予算で200億円、それから2022年度の予算で100億円ということで、すでに600億円用意されている。それに加えてNICTに200億円のテストベッドを整備中ということで、全部合わせて800億円になっている。さらに昨日、2022年度の補正予算が成立し、今度はこのBeyond 5Gだけではなく、Beyond 5Gも含むような形での基金が新しくできることになった。これは662億円ということなので、一気に、この5年間で1,000億を、3年ですでに達成した。どんどん使ってもらいたい。

　Beyond 5Gコンソーシアムという産学官連携で作っているホワイトペーパーの中で、Beyond 5Gの主な性能目標（KPI）が示されている。
　それから標準化も取っていかないといけない。5Gになる時に、4Gの時代からそうなのであるが、基地局等に日本の製品がなかなか入りにくくなっている。
　最後に国際標準化のスケジュールである（情報通信審議会資料）。IMT

第 14 章　メタバース時代の ICT 基盤 beyond 5G（6G）の推進戦略

2030 というような名前になるのであろうということで、その標準ができた時には 6G というような言われ方をするのかもしれないが、2030 年に向けて ITU 国際電気通信連合の中で標準化が進められている。それと並行して 3GPP という民間標準化団体の中でもリリースごと、2 年毎にリリースしていく中で、そういったような要素が少しずつ盛り込まれていくということになるのではないかと思う。2025 年に大阪・関西万博が開催されるので、その時に Beyond 5G の研究成果をショーケースとしてうまく入れ込んで、一体どのようなサービスになるのかを見せられるようにしようとしている。研究開発はそういったこともターゲットにしながら進めているということである。

　前述の通り、Beyond 5G が目指す姿というのは、様々な技術が盛りこまれてくるのではないかと思われる。全部が入ってくるかどうか分からないが、こういったものが研究開発として必要になってくる。そのため今後、前述の新しい基金の研究開発の公募というのは多分年度内、3 月ぐらいまでには開始されると思う。VR やメタバースに関わる人達が、Beyond 5G の時代にはメタバース的なサービスが必要不可欠であり、また、自分達の提案する研究が Beyond 5G の実現に必要なのだということを訴えていくことも、大いにあるのではないかと思う。それで、最初にも申し上げた通り、こういった ICT の研究開発はどんどん進めていかないと、必要とされる時に必要なサービスが提供できないし、それから、我が国の国際競争力といったところでも、遅れをとってしまうとなかなか挽回するのが大変であるということもある。国際的な競争にもなっているということで、我々としても必要な予算を獲得しつつ、皆様におかれては、予算を活用して研究開発をどんどん進めていただきたい。

（注：数値はフォーラム開催当時（令和 4 年 12 月）の値）

参考文献

総務省，情報通信白書
　　https://www.soumu.go.jp/menu_seisaku/hakusyo/index.html

総務省，我が国のインターネットにおけるトラヒックの集計・試算
　　https://www.soumu.go.jp/menu_news/s-news/01kiban04_02000202.html

総務省，Web3時代に向けたメタバース等の利活用に関する研究会
　　https://www.soumu.go.jp/main_sosiki/kenkyu/metaverse/index.html

総務省，デジタル田園都市国家インフラ整備計画
　　https://www.soumu.go.jp/menu_news/s-news/01kiban01_02000042.html

総務省，東北地域デジタルインフラ整備等推進協議会
　　https://www.soumu.go.jp/soutsu/tohoku/hodo/20220615a1001.html

総務省，令和２年度末ブロードバンド基盤整備率調査
　　https://www.soumu.go.jp/menu_news/s-news/01kiban02_02000440.html

日経新聞，「テレワーク　東北圏首位」（2021年９月４日33面）

総務省，5Gの整備状況（令和３年度末）
　　https://www.soumu.go.jp/menu_news/s-news/01kiban14_02000561.html

総務省，Beyond 5G（6G）に向けた技術戦略
　　https://www.soumu.go.jp/menu_seisaku/ictseisaku/B5G_sokushin/index.html

Beyond 5Gコンソーシアム，ホワイトペーパー
　　https://b5g.jp/output/

総務省，情報通信審議会　情報通信技術分科会　技術戦略委員会
　　Beyond 5Gに向けた情報通信技術戦略の在り方　参考資料集
　　https://www.soumu.go.jp/main_sosiki/joho_tsusin/policyreports/joho_tsusin/gijutsusenryaku/02tsushin03_04000490.html

# 第15章　非言語情報を活用する人間性豊かなコミュニケーション
## ～これからのメタバースへの応用を目指して

北村 喜文（東北大学）

## 1. はじめに

　オンラインで会議や講義等を行う機会はコロナ禍で一気に増えたが、その後も生活の一部として定着しつつあり、また、SDGs（持続可能な開発目標）のいくつかの課題解決の観点からも、今後もますます利用されてゆくと思われる。しかし一方で、オンラインではコミュニケーションがうまくとれないために、参加者間で分かり合えないことや、仕事の効率が落ちる等の感想を持っている人も多く、大事な話や授業は対面で会って実施しなければならないとの意見も多く聞かれる。こういったコミュニケーションにおける対面とオンラインの違いを生じる重要な原因の1つは、「非言語情報」が従来のオンライン会議では伝わりにくいことであると考えられる。そこで、次世代の遠隔コミュニケーションシステムでは、幅広い非言語情報の機微を適切に、または場合によっては増強して伝送することによって、豊かなコミュニケーションを実現する環境を構築することが期待される。

　バーチャルリアリティを利用した遠隔コミュニケーションであるメタバースも最近様々な分野で利用されるようになってきた。利用者はヘッドマウントディスプレイを装着し、手にコントローラを持ち、バーチャル世界でアバターに扮して、遠隔の誰かが扮する別のアバターと集い、会議や講義参加等のコミュニケーションを行おうというのが一般的である。コントローラの操作等である程度の身振りや手振りといった動作をアバターにさせることもできるが、それでも、対面では伝わる微妙な感情やその他の非言語情報はなかなか伝わらない。そのことから、メタ

バースも大きな可能性を秘めてはいるものの、これによって実現できている遠隔コミュニケーションはまだ豊かなものであるとは言えず、次世代に向けては様々な技術革新が必要である。

## 2. 非言語情報

非言語情報は、日常の対人コミュニケーションで使われる情報のうち、言語的な情報（話し言葉や書き言葉）以外の多岐に及ぶ情報を指す[1]。言語情報を補足し、情動の伝達に適しており、他者の真意を読み取る際には言語よりも頼りになることも多い。感情を伝える場面では9割を超す情報が言葉ではなく非言語情報によって伝達されるという報告[2]もある等、我々の日常の対人コミュニケーションの中で重要な役割を担っている。

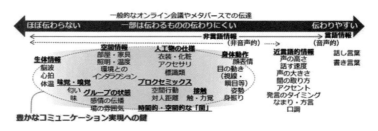

出典　大坊（1998）をもとに筆者作成
図1　多岐に及ぶ非言語情報

図1に示すように非言語情報は非常に多岐に及び、一般的なオンライン会議やメタバースなどで比較的伝わりやすいものからほぼ伝わらないものまで幅が広い。例えば、言語情報に近い声の高さや速度等の近言語情報的なものは、オンライン会議等でなくても音声電話でも通じ易い。顔表情はカメラ映像などによって従来のオンライン会議などでも比較的伝達され易く、また、心理学の分野を中心に顔表情からの感情理解などの研究も盛んに進められており、その利用例も見かける。これに対して、

プロクセミックス、すなわち対人距離や上座・下座等といった位置関係、また空間構成物や身体への接触、さらに部屋の様子等の空間情報といった種類の非言語情報は、場の共有という点で重要な意味を持つが、従来技術ではなかなか伝わりにくく、また、まだ十分には研究も進んでいるとは言えない。そこで、このような非言語情報の伝送は、未来の豊かなコミュニケーションの実現のために、挑戦し甲斐がある研究テーマである。

## 3. 人の身体動作から感情を読み取る「動作ユニット AI」の研究

　非言語情報は、人の感情との関係が直接的なものと間接的なものに大別して考えることができる。感情を直接伝える非言語情報の中で、最も研究が進んでいる顔表情研究においては、Action Unit と呼ばれる分析単位が定義されたことで客観的な検証が可能になり、その組み合わせで様々な顔の動きをコード化して顔の感情認識等の研究に用いられ発展してきた［3］［4］。これに対して身体動作は、多くの重要な潜在的情報を含むにもかかわらず、カメラだけでは必ずしも全てを捉えられず、表現される重要な情報が相手側に届きにくく、また顔表情に比べて研究も十分に進んでいるとは言えず、学術的にも挑戦的な課題と言える。それは、身体動作の研究には顔表情研究の Action Unit に相当する分析単位が無いために、異なる研究者や環境で得られたデータの比較や解釈が難しく、そのために研究が発展してこなかったからである。

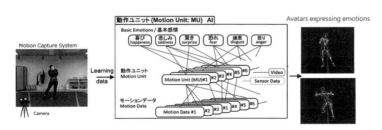

出典　筆者作成
図2　動作ユニット AI の構築イメージ

そこで我々は、身体動作と感情の関係の理解を通して、動作ユニット（Motion Unit）という分析単位を定義し、さらに、これらを自動的に判別するAIを構築しようという研究を開始している［5］（図2）。研究ではまず、感情を表出する身体動作を客観的・体系的に記述するために必要となる関節等の運動要素とその組合せを最小限のレベルで明示・リスト化することで、世界中の研究者が研究に活用することができる共通言語を作成する。そのために、モーションキャプチャ装置を使って取得された多種の感情に伴う大量の身体動作データを、2段階のデータ駆動型アプローチで分析している。まず第1段階では、感情表出に必要となる身体動作とそのための分析単位を抽出することにより、どのような感情表出にどのような身体動作が必要になるのかを見出す。そして第2段階として、顔表情研究における顔表情生成器のように動作ユニットを操作する身体動作生成器を構築し、どのような身体動作ユニットの動きの組合せがどのような感情表出に見えるのかを検証する。

身体動作データの取得については、舞台等に出演しているプロ（または準プロ）の役者約100名それぞれに、12種類の感情（喜び、悲しみ、怒り、嫌悪、恐れ、驚き、軽蔑、感謝、罪悪、嫉妬、誇り、羞恥）のそれぞれに対応するシナリオで各3段階の感情表出強度（小・中・大）で演じ分けてもらう。これにニュートラル（無感情）の表出を加えて1人当たり111の動作データをモーションキャプチャ装置で取得する。その例を図3に示すが、現在、データ解析中である。

動作ユニットAIが完成した暁には、例えば、あるモーションデータやそれに付随するセンサデータ（映像・音声や心拍等）から、その人のその時の感情を推定したり、また、キャラクタやアバターの特定の感情を豊かに表現するモーションをゼロから生成して出力することが可能になる。これによって、オンラインでの対人コミュニケーションで、従来手法では不足する情報を補って伝えることができ、遠隔コミュニケーションを豊かにすることができる。また、リアルタイムの映像伝送を伴わずに、リアルタイム音声と制御信号のみを送信することによる効率的なオ

ンラインライブが実現できるようになったり、メタバースなどでも、利用者の感情に対応するアバターの豊かな動作生成にも利用できると考えられる。これらのイメージを図4に示す。

図3 感情表現に伴う身体動作の例

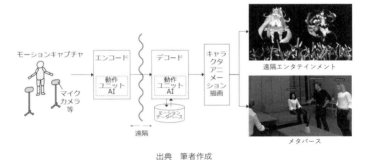

図4 動作ユニットAIの社会実装例のイメージ

## 4. 空間に関する非言語情報

人の感情に直接関係はしない非言語情報の中で、「プロクセミックス」や「空間情報」は、これからのメタバース等を含む遠隔コミュニケーションシステムで、複数の参加者達が共有する場として、TPOや雰囲気等に応じた豊かなコミュニケーションをするために重要である。ビデオカ

メラによるオンラインコミュニケーションでは背景に相当するが、メタバースでは特に、バーチャルな空間に集う各人は皆、リアルな空間から参加しているので、両空間の整合性にも注意を払う必要がある。

　我々は日常の会議や打ち合わせ等で、複数の人とテーブルを囲む機会は多い。主なテーブル面の基本的な形状は、円形、正方形、長方形であり、それらを囲む人々に異なった印象・利便性や役割をそれぞれ与えるため［6］、目的に応じて使い分けることが多い。円形テーブルは平等性を参加者に与え、正方形は平等性とともに角によって個人領域が生じるためにゲームなどの競争的作業に利用される。長方形はパワーバランスに偏りを生じさせるために短辺に議長等の役割の人が位置することが多い。利用状況に応じて、バーチャルな環境ではいくらでも自由に机の形を変更できるが、リアルな世界ではそうはいかない。そこで、バーチャルな空間やその他の状況変化に応じて、自動的に机面形状が変化するテーブルTransformTableを試作した［7］（図5）。

　部屋等の空間を構成する要素として、壁も重要である。視覚的な効果だけではなく、メタバースでは接触に伴う触覚も提供することができる。上のテーブルと同様に、バーチャル空間の変更に伴って、利用者がいるリアル空間の構成も変化することによって両空間の一貫性を保つことができる。こういったモチベーションで試作したものがZoomWallである［8］。

出典　筆者作成

図5　テーブル面の形状が円形 - 正方形 - 長方形に動的に変形する TransformTable

これは、複数の自走する壁型の移動ロボット（プロップ）を用いて、ルームスケールVRの空間インフラ（壁等の空間の構造を決める境界）を自動的に構成し、触覚を提示できるようにしたものである。ヘッドマウントディスプレイを装着した利用者の行動と触れようとしているバーチャル空間内の壁面の位置と方向を予測し、利用者がその壁面に到達する前に自動的に配置する。これを実現するために、できるだけ少数の壁型プロップを使用してこれを実現するアルゴリズムも提案した。

## 5. これから

未来の遠隔コミュニケーションでは、人同士が、バーチャル空間をうまく活用しながら、自らがいるリアル空間のモノや情報も使いつつ、豊かなコミュニケーションができることが期待される。そういった豊かなコミュニケーションを実現するための鍵は、人々の日常の対人コミュニケーションで重要な役割を担っている非言語情報の機微を適切に伝送することができる「非言語情報通信」を実現することである。ただ、そのためには、心理学や脳科学等を基礎とした非言語情報の研究やXRコミュニケーション技術の研究に加えて、AI、通信・ネットワークやセキュリティの基盤・応用研究を包括的に推し進める必要がある。我々も、「言語情報」のAIが異なる言語の壁を越えるツールとして世界中の多くの人々の役に立ちつつあることを参考に、「非言語情報」のAIをうまく作ることによって、障がい、文化、ジェンダー等のダイバーシティに寄りそう、アクセシブルでインクルーシブな社会の実現に貢献したいと考えている。

## 参考文献

[1] 大坊郁夫，しぐさのコミュニケーション：人は親しみをどう伝えるか，サイエンス社，1998.
[2] Mehrabian, Communication without Words, Psychology Today, Vol. 2, No. 9, pp.53-55, 1968.
[3] Ekman, P., Friesen, W. V: Manual for the Facial Action Code. Palo Alto,

CA: Consulting Psychologist Press, 1978.
［4］ Ekman, P. Darwin's Contribution to Our Understanding of Emotional Expressions. Philosophical Transactions of the Royal Society B: Biological Sciences, 364, 3449-3451, 2009.
［5］ 藤原，程，曽，北村，身体動作から感情を読み取る－動作ユニットAIの構築に向けて－，情報処理学会誌，「人の感情を理解し，人に寄り添うAI」特集解説記事，Vol. 64, No. 2, 2023.
［6］ Virginia P. R, James C. M: Nonverbal Behavior in Interpersonal Relations, 2007.
［7］ Takashima K, Aida N, Yokoyama H, Kitamura Y: TransformTable: a self-actuated shape-changing digital table, Proc. of ACM International Conference on Interactive Tabletops and Surfaces (ISS), pp. 179-187, 2013.
［8］ Yixian Y, Takashima K, Tang A, Tanno T, Fujita K, Kitamura Y; Zoomwalls: Dynamic Walls that Simulate Haptic Infrastructure for Room-scale VR World, Proc. of ACM Symposium on User Interface Software and Technology (UIST), pp. 223–235, 2020.

# 第16章　パネルディスカッション第1部
「メタバースの教育利用における
利点と技術的な課題」

座長：常田 泰宏（東北大学経済学部2021年卒業生）
パネリスト：五十嵐 大和（東北大学）
菅沼 拓夫（東北大学）
髙嶋 和毅（東北大学）
田中 宏樹（クラスター株式会社）
林 雅子（東北大学）

## 1. はじめに

5名の方にVR・メタバースの教育利用の事例紹介、そのメリットや課題について技術的な観点からお話しいただいた。

※当日のパネルディスカッションを書籍用に再構成し掲載する。

## 2. VR・メタバース活用の事例紹介

五十嵐：2021年まで総務省において情報通信行政に従事していた。これまでに例えば、電子署名認証法の制定、迷惑メール対策、4K放送の技術基準の策定、Beyond 5G推進コンソーシアムの立ち上げ等の業務を行ってきた。大学を卒業してから既に20年以上が経過しているが、学生時代には情報工学を専攻していた。

現在は、本学の電気通信研究所において、東北大学の誇る技術を社会に結びつける業務や国際化の推進などを担当している。

さて、ご存じのとおり、メタバースプラットフォームは数え切れないほど存在する。すべてを試したとはとても言えない。昨日の登壇者にはメタバース滞在時間が1万2,000時間を超える強者もいらしたが、それに比べれば私自身はまだまだ赤ちゃんである。

先日、林雅子先生の授業にお邪魔させていただき、学生の方とのディスカッションを行った。見学を通して代表的なプラットフォームを体験し、授業で利用可能なメタバース、ふさわしいプラットフォームはどういうものか、また、重要な点は何かといったことを考察している。これに関してわずかばかり意見があるため、それを中心にお話ししていきたい。いずれにせよ、赤ちゃん同然であり、メタバースの最新動向をキャッチアップできているわけではない。皆様からも、ぜひアドバイスを頂戴したい。

　さて、まず論点を6点挙げる。その1点目は「専用アプリ vs ブラウザベース」である。Windows PC、Mac、スマホ、タブレットなどの端末に依存せず、ウェブブラウザーから参加するものもあれば、専用アプリを使わないと参加できないものも存在する。

　それぞれに一長一短がある。専用アプリは動きが機敏で自由度が高いと感じる一方、導入のハードルは低くない。専用アプリのインストールなど数秒で完了すると思われるかもしれないが、必ずしもそうではない。例えば、アプリ導入の前提として、様々なフレームワークソフトウェアのインストールが求められることは普通のことである。授業で専用のマシンを用意する場合はともかく、私物として仕事でも使用しているPCはできるだけシンプルにしたいという気持ちもあって、モヤモヤが残る。

　次に「ヘッドマウントディスプレイ（HMD）vs 通常の画面」という点に注目したい。確かに将来、革新的なデバイスが登場する可能性は考えられるが、現状では「（HMDを）かぶるか否か」の二択となっている。その選択は、授業でどの程度の体験を求めるかに依るが、ハードウェアの要否もまた大きな要素である。

　3点目には「参加人数と負荷」という項目を挙げる。正確には視界内に存在するアバターの数の上限がどれくらいかということで、例えば25人までといった制約が存在するプラットフォームも存在する一方で、200人まで対応可能なシステムもある。

　次に4点目として「動作環境」を挙げる。回線速度や拠点間の距離によ

る遅延、端末の性能などが関連する要因として考えられるが、意外な障壁として学内のファイアウォールがあった。特にアウトバウンド方向での制限が意外と厳しい場合がある。大学では、学生に対して無線LAN環境が提供されている状況は珍しくはないと考えられるが、学外へのアクセスについて特定のポートに制限がかかっていることがある。ブラウザベースのアプリケーションであればTCPの80番や443番といった一般的なポートを使用していると考えがちだが、最近のウェブアプリはその限りではなく、故に接続が拒否される場合もあるため、事前に確認しておく必要がある。

　続いて5点目に挙げたいのは、「黒板やホワイトボード、付箋紙などのツールの有無」である。企業が提供する、商業用途のメタバースでは、これらのツールの必要性は低いだろう。しかしながら、授業のコンテキストでは、情報を記録する手段としてこれらのツールが必要となる場面が頻繁に出現する。

　メタバースは「アナログ的なデジタル空間」の側面を持つ。付箋紙のような昔ながらの道具は、ディスカッションをし、アイデアを整理する上でメタバースにおいても欠かせないものと感じている。なお、そうした道具・機能が直接的に提供されていなくても、例えばGoogleの「Jamboard」のようなツールがあれば代替可能かもしれない。

　そして、6点目は「ポータビリティ、データの扱い」というテーマである。独自に作った教材や「ワールド」は具体的に誰の所有となるのかという点である。

　作った教員のものだと言われても、それが、手元に保存でき、さらに別のプラットフォームに移して再利用できるものでなければ、大きな意味を持たない。些末なことを言えば、メタバース空間の構築に用いるUnityというソフトウェアもバージョンが多数存在し、少しでもバージョンが違うと動かない場合もある。業界がこうした壁を乗り越えてはじめて、身近なものとなるのではないか。

　もう一点付け加えたい。学生の活動の様子を把握するという機能の有

無も考慮されるべきである。教員と学生という関係は、明確な役割分担を持つコミュニティである。しかし、そのような役割を想定したプラットフォームはほとんど見ない。監視ではなく、より適切な指導のために必要な機能がある。さらに、リアル空間では実現できない新たな指導法がメタバースで生まれる可能性もある。

現在のメタバースは第2次ブームとも言われるが、特に、通信行政を長く担当してきた私の視点から見ると、まさに黎明期および過渡期であり、非常にダイナミックで興味深い時代であると感じている。

いまのパソコンは、ソフトウェアの互換性の観点ではWindowsとMacで大半を占めている。しかしマイコンブームの1980年代には、たくさんのメーカーが存在し、かつ、同じメーカーであっても機種ごとに特徴があることが当然であった。市販のソフトウェアも機種ごとにそれぞれ存在し、動作するソフトウェアの数も違っていた。そうしたレンジの広いダイバーシティは不便と同時に、ワクワク感をもたらしていた。

いまのメタバースには、かつてのマイコンブームのような、「探検する楽しさ」が感じられるというのが私の感想である。

菅沼：私の所属するサイバーサイエンスセンターは、一般的に大型計算機センターと呼ばれている組織である。具体的には、「スパコン」と称されるスーパーコンピュータや、学内のネットワーク、最近では研究DX、教育DXなどの企画・運営を担当しているセンターである。私からは、メタバースよりもXRの領域に主眼を置き、説明を行いたいと考えている。さらに、デジタルツインという概念を取り入れて、我々の取り組みを紹介させていただく。

デジタルツインとは、下部がリアルスペース、上部がサイバースペースとして定義される概念である。リアルスペース内での様々な特性を持つ人や物のモデルを、リアルタイムでキャプチャし、センシングしてサイバースペース上にモデルを構築する。その上で、さまざまな解析を行い、リアルスペースにフィードバックを与えることが可能である。この

# 第16章　パネルディスカッション第1部「メタバースの教育利用における利点と技術的な課題」

フィードバックにおいて、おそらくXRという非常に高度な表示手法を用いてリアルタイムで返すというループのメカニズムがデジタルツインの核心である。

デジタルツインと言うと、スマートシティーなどの広大なエリアに焦点を当てたモデル化が一般的である。しかしながら、我々の取り組みは、局所空間のデジタルツインとして、非常に限定された範囲においてその概念を適用している。具体的には、人が存在する周辺の、半径約1メートル程度の円、あるいは最大でも部屋全体をデジタルツイン化する範囲としている。

そのような狭範囲のデジタルツインを作成し、それによる活用を試みている。その結果、人の周囲に存在するモノ、制作物、機械、楽器などの教育支援に活用できる可能性があると考察している。

具体例として、楽器の演奏教育のための支援を取り上げる。楽器の周りにセンサーを配置し、教師の演奏をキャプチャする。その情報を生徒側のHMDにARとして表示する。この手法により、教育の質が向上する可能性があると考察しており、そのモデルを試行中である。

次に、演奏教育支援のプロトタイプシステムを紹介する。このシステムでは、表示されるものは教師の手であり、生徒側のHMD内で見えるのはピアノ上に現れる教師の指のバーチャルなオブジェクトである。教師は向かい側にいるが、HMD内では教師の指の動きがリアルタイムで再現される。このような機能を実装したプロトタイプを開発している。

また、バーチャル空間に楽譜を配置し、演奏すべきキーを表示する仕組みも開発している。このような装置を用いて、演奏技術の向上を支援することが考えられる。実際に、ピアノの初学者や未経験者に対して、この仕組みを有する場合と無い場合での比較実験を行った結果、前者において顕著な技術向上を示す結果が得られた。

また、白いウサギの色塗りのデモに関しても紹介したい。このウサギは実際の物体であり、その上にペインティングが施されている。しかし、使用されている絵の具はバーチャル空間内に存在するものである。これ

が視覚的に完璧に融合されることで、実際にウサギに絵の具を塗っているかのような錯覚が生じる。この技術は、伝統工芸品の例として、こけしの色塗りなどにも応用可能である。

これらを活用することで、デジタル空間とリアル空間を融合させるXRの技術を基盤とし、デジタルツインの概念を取り入れた教育支援を実施している。このような研究活動を行っているというのが、我々の取り組みである。

高嶋：私の専門はバーチャルリアリティやヒューマンコンピューターインタラクションである。工学部において「バーチャルリアリティ学」という講義を担当している。全15回の授業はオンラインで実施しているが「メタバース」を使用した授業も取り入れ、全15回の中の4回ほどをメタバース上で実施した。

具体的に使用したのは、「メタバースX」というツールと「メタバースY」である。多くのツールを検討したが、実際に採用したのはこの2つだけであった。学生たちはHMDを被って授業に参加したが、HMDを被ったことがない学生もいたため、授業の間に来てもらい、一緒にセットアップし、全員でバーチャル空間に入る試みを行った。

実際に、当研究室はHMDが普通に存在している環境であり、環境としては恵まれていると感じていたが、実際には多くの困難があった。授業において多くのメリットを感じることができたが、同時に課題も明確になった。後ほどその詳細について述べたいと考えている。

田中：教育支援の文脈での「cluster」の活用を主題とする。先ほども述べたように、「cluster」は授業での利用が試みられている。「cluster」の基本的な特徴を簡潔に述べると、ユーザーが独自のアバターを用いて、また自らが設計した空間を利用することが可能である。

このシステムの教育利用や授業適用の側面での特性として、空間内でのボイスやテキストを基盤としたコミュニケーションが可能であるとい

# 第 16 章 パネルディスカッション第 1 部「メタバースの教育利用における利点と技術的な課題」

う点が挙げられる。さらに、「cluster」の空間内にはスライドを投影するためのスクリーンが配置されており、教材やスライドの投影が容易である。この機能は、授業や講演などの場面で頻繁に用いられている。次に、教育利用の具体的事例を紹介する。教育機関向けのパッケージが提供されており、通常の使用におけるクローズドなイベントは 40 分の制限があるものの、この有料オプションを利用することで、1 コマ 90 分の連続利用が可能となる。また、このオプションは、500 人までの大規模な講義を実現することができる。

いくつかの採用事例がある。教育利用というよりは教育機関における利用が主で、高校や大学での特定のイベント、例えば入学式や卒業式での使用例がある。さらに、東京大学では、キャンパスの多くの部分をバーチャルに再現して構築した事例が存在する。これは、大学入学前のオープンキャンパスなどでの利用が想定されているかもしれない。実際に東京大学のキャンパスに訪れることなく、バーチャル空間でキャンパスの体験が可能となるような取り組みが行われている。

林：私は国際教育においてメタバースを導入している。カメラオンオフの問題（本書 5 章参照）や、海外から参加の学生たちが抱える心理的な壁の問題を低減する目的で、メタバースという 1 つの共通空間を設け、全ての学生が協働学修できる環境を構築している。

五十嵐先生には多大なる支援を賜り、eduroam の利用が難しいため、ポートの開放等の対応を行っていただいた。2022 年度前期の授業では、20 ヵ国 130 名の学生が、国境を越えて共通の空間での交流を実現した。日本の学生の対面授業が再開されて以降、対面参加のニーズは高まり、2 つの大教室で 100 名が同時に授業を受ける形となった。2022 年度後期では、メタバース利用料等の問題から、受講者数を 50 名以下に縮小している。一部の国では特定のメタバースプラットフォームへのアクセスが制限されているため、同じグループの学生は「Discord」を利用して交流していた。そのため、メタバースプラットフォームのスクリーン、教室

のスクリーン、オンライン会議ツールの3つに同時に配信しており、この複雑な操作に教員、TAや学生達が対応している。本シンポジウムは、オンサイト会場、オンライン会場、メタバース会場、メタバースサロン会場の4つの会場での参加・視聴を可能としている。しかし、これらの場所を同時につなぐのは難易度が高い。この点に関して、技術的な面で田中氏からご教示を賜りたく思う。

## 3．VR・メタバース活用の利点・課題・未来

田中：私はメタバースを提供する立場にあり、他の方々はおそらく利用する側である。利点に関して、実際に使用された際のフィードバック、具体的なメリットや魅力を直接言及していただくと、より説得力が増すだろう。私から述べると少々押しつけがましさが感じられるため、さらっと流してほしい。

　サービス提供側としては、アバターを使用して生徒と教師が同一空間に存在することの本質的な価値が、最大の利点であると考えている。同じ空間に存在することで、リアクションはリアルタイムになり、HMDを用いれば現実の動作がそのまま反映される。林先生からは表情の認識が難しいとの意見があったが、現在の「cluster」もそうであり、現実の表情を完全に反映できるメタバースはまだ少ない。しかし、メタバースではないが、アバターの表情をリアルタイムで反映する技術は進化している。クラスターの社内ミーティングでは、社員がアバターを自身の表情に合わせて動かすツールを使用し、動くアバターをZoomに映している例もある。これにより表情が非常に明瞭に認識され、現実の対面と比較しても情報量に遜色がない。

　また、メタバースとは異なる事例として、バーチャルYouTuberが注目を浴びている。その技術的進化により、配信者の表情がバーチャルのキャラクタにも反映されている部分が存在する。それらの技術的課題は徐々に解消されるであろうし、これらの要素が利点として評価されるだろう。不十分さとしては単純に言えば、林先生の指摘の通り、学術的

目的に特化したツールが求められる。既存のメタバースでは、授業で使用する際の必要な機能が完備していないのが最大の課題であると、サービス提供者側も認識している。例えば、ホワイトボードの使用などが挙げられるが、生徒側が入力する手段が限定されていると、教育利用を本格的に展開する上での課題となると考えられる。

　未来に関する議論として、メタバースへのコンテンツは増加の一途を辿るであろう。それに伴い、教育利用の範囲や内容も拡大し、現実世界での授業やフィールドワークがメタバースに移行する可能性があると考えている。

高嶋：メタバース教育利用のメリットに関して、特殊な例ではあると思うが、授業名が「バーチャルリアリティ学」であったため、授業を実施すること自体に大変意義があった。学生が同じ部屋に存在することで、従来のZoomのアイコン表現よりも一体感が増すと感じる。アバターの設計に特有の特徴があり、参加者のアバター達がバーチャルリアリティースクリーンを注視するため、講演者としては非常に講演しやすく、気分が盛り上がりやすい。Zoomのチャット機能と比較すると、メタバース環境では学生の書き込みが活発で、インタラクティブな要素が強化されていると感じる。クライアントソフトやWEB版において、このような機能は非常に価値があると確信している。

　一方、準備の負担は大きい。我々はバーチャルリアリティの研究者であるため、それに慣れた学生をサポートとして配置した。しかし、昼休みから準備を開始して全員が部屋に入れたときには、すでに授業は終了間際だった。次回の授業では多少慣れを感じたものの、授業の難易度は確かに存在すると感じられ、講義スケジュールには大きな影響を与えた。さらに、前述の通り、ネットワークやPC環境への依存度が高いため、入学時に生協で購入したようなパソコンでは難しさを感じる。VRの研究者ではあるものの、HMDを90分も装着することは非常に不快であり、この問題も解決が必要である。最後に、スクリーンの前にアバターが複

数存在してしまうと、その後ろにいる人たちはスクリーンを見ることができない。これは現実でもよくある問題だが、VRの世界でも同じ問題が生じてしまった。アバターが身体性を持つことは良いが、現実の世界の制約をそのまま持ち込むのではなく、より柔軟に多様な解決策を模索することが求められる。

まずはWeb版から使用する方が良く、いきなりHMDを使うのは、現状デメリットの方が遥かに大きいと考える。

VRの関係者やメタバースの関係者は、没入感や同質感を非常に意識しているが、授業となるとメモを取る、計算する、スケッチを描くといったアクティビティが非常に重要である。しかし、これらの活動に目を向けている者は少ないようである。もしHMDを使用するのであれば、外部が見えるパススルー機能を持つタイプでなければ、その使用は困難であると思われる。また、先に述べたようにアバター達の集まりやフォーメーションの取り方や距離感の確保が難しいことが挙げられる。会話を容易に進行させるフォーメーションモードなどが存在すれば、そのような問題も緩和されるだろうと考えられる。

最後に、VRとメタバースの関係についての認識が変わってきているかもしれない。従来、メタバースはVRの1つのアプリケーションと捉えられていたかもしれない。しかし、近年は若干バズワード化しており、メタバースが先行し、その横にVRが存在するかのような印象を受けることがある。著者の解釈としては、VRの基礎技術はこれからさらに研究が必要で、その進化に伴い、メタバースの体系も改良されるだろうと考えている。

菅沼：私からは再度XRの話をしたい。メタバースに関する議論は他の先生方や参加者が取り上げているため、ここではXRの観点から触れたい。特に、デジタルツインにおけるXRについて、先に局所空間のデジタルツインを紹介した。しかしながら、実際にこれが適用されるシーンは限られ、楽器演奏や芸術的な作品の制作、特定の教育形態に特化して

# 第16章 パネルディスカッション第1部「メタバースの教育利用における利点と技術的な課題」

いる。例として、従来の対面でのピアノの教室を挙げれば、その特性が理解されるだろう。

部屋に先生と生徒が共存し、共演しながら指導を行う方法について考察する。従来の育成方法論は、抜本的な見直しにより効率の向上が期待できるはずである。デジタル技術の導入により、科学的・数値的な分析を基に教育の高度化が図られるだろう。物理的な空間の共有が不要となるため、感染症のリスクを考慮した場合などにも有効である。デジタル上でのデータ蓄積により、先生の不在時でも継続的に継承が可能となる点においても有用であると考える。

XRの主要な問題は、リアルタイムでの高解像度・空間的・時間的なキャプチャと表現の正確性である。メタバースには多くのプラットフォームが存在するが、デジタルツインやXRに関しては標準化やプラットフォームがまだ存在しない。そのため、個別のシステムを新たに構築する必要が生じ、開発の効率化のためにプラットフォームの整備が求められる。表示デバイスの小型軽量化も同様に重要であり、光学透過的な手法でのオブジェクト表示が可能な小型デバイスの実現がXRの普及には必須であると考えられる。

今後の展開について考察すると、多様な応用が可能と予想されるため、さまざまな専門家とのディスカッションを通じて教育現場への適用を推進したいと考える。また、アカデミックメタバースに関しては、私は広い視点を持っており、デジタルツインという技術も一部として位置付けられると捉えている。その適用範囲は必ずしも広くはないかもしれないが、アカデミックメタバースにおけるXRの位置づけを明確にする必要がある。

メタバースとデジタルツインについて考えると、VR空間は、現実の世界とは関連性が薄く、より理想化された世界の構築に向いていると捉えられる。それはそのままでも価値があるが、現実を反映したデジタルツインとの融合により、真のメタバースの実現が可能となると考えられる。これはある種、メタバースの新しい定義へのアプローチとも言えるだろう。

五十嵐：私からは教育用途のメタバースにまつわる課題について述べたいと思う。まず、専用アプリとWEBブラウザベースについてだが、ハードウェアの性能を最大限に引き出すことができる点において専用アプリは優れているが、WEBブラウザベースの気軽さも無視できない。WEBブラウザベースと聞いて、はじめは動作が遅いように想像したが、実際にアクセスするとそのようなことはなかった。最近のブラウザはWebAssembly技術が利用可能であり、ブラウザ上での動作でありながら非常に高速に実行することが可能となっている。しかも、代表的なブラウザに標準搭載されている。しかし、WEBアプリを初めて使う際の待ち時間は、ややストレスに感じた。

　次に、スケーラビリティ（参加者数などが大きく増加しても増加前と同等の性能で機能すること）の点を考える。メタバースの3次元空間を、HMDに投影するにしてもPC画面に投影するにしても、その演算は、通常クライアント側で行われる。視野に入るアバターの数が増えると、必要な計算量も増大する。参加者が1人や2人の場合は問題ないが、100人など大人数になると、計算量が増大し、カクカクになってしまう。仮にすべてピア・ツー・ピア通信（中心となる拠点を介さずに参加者同士を1対1で直接接続する形態での通信）であれば、アバターの数の2乗のオーダーで通信トラヒック（通信でやりとりされるデータの総量）が増大することになる。

　次に回線についてである。日本では、一般家庭でも10ギガビット/秒の通信が手に入り、また、Beyond 5G、IOWN構想等、高度化の議論が進んでいるが、グローバルで考えた場合、必ずしもすべての地域で高速な通信環境が提供されているわけではない。例えば、アフリカ大陸にある国同士の通信が海外経由となっている場合すらある。また、通信速度の問題だけでなく、地理的距離により発生する遅延も考慮しなければならない。

　さらに林先生のお話にもあったが、学生の滞在している国によっては特定の国へのアクセスが制限されている場合がある。プラットフォーム

# 第16章 パネルディスカッション第1部「メタバースの教育利用における利点と技術的な課題」

は日本を拠点としている場合であっても、データセンターは特定の国に置かれているとアクセスが制限されるということがあるのも意外な発見であった。

次に、「ツール」について述べる。メタバースになっても、ホワイトボードに文字を記入する機能や、映像を空間内に表示する機能などが必要だと感じた。仮にメタバースに遊園地や図書館を作るのであれば、それぞれに合わせた相応の機能の提供が求められる。特にHMDを使用した状況でのキーボードの操作性に関する課題は、まだ解決が待たれるところである。現在、HMDを装着した状態でキーボード操作をすることは難しく、メタバース空間内でのキーボード操作にも課題がある。しかし、そうした課題に対する解決策は電気通信研究所でも研究が進められている。

最後の「データのポータビリティ」に関して述べたい。構築したメタバース空間も、作成ツールの違いにより移植が困難であったり、同じツールでもバージョンが違うために作業が必要となる等の事態が生じている。改めてゼロから開発した方がマシとの声も聞かれた。そういう状況では発展を損ねてしまいかねない。一方、フリーソフトウェア開発の分野ではGitHubなど多数の便利なツールが存在する。

さらに、学生がメタバース空間でどのように活動したかについての記録は、技術的には取得可能であると思われるが、通常は提供されない。しかし、これらの情報を適切に把握することで、教員はより効果的な指導を行うことが可能となり、学習効果の向上にも寄与すると考えられる。

オンライン会議システムには、Zoom、Webex、Teamsなど多様な選択肢が存在する。これらのシステムは状況や相手に応じて使い分けられているが、さて、現在が過渡期にあるのか、あるいは既に定常状態になっているのかの判断は難しい。

定常状態に達した分野が存在する一方で、メタバースの未来については不明確である。将来、コンテンツのフォーマットが標準化され、特定のプラットフォームに縛られずに利用できるようになるのか、あるいは

バラバラの時代が続くのか、はたまた寡占や独占が進むのか。
　ユーザーが好みのメタバースプラットフォームを選びつつも、任意のプラットフォームと相互に接続できるようになるのかは未だ見えない。このような状態には利点もあれば、面白みに欠ける側面も存在する。

**林**：学生の意見を中心に集約してみると、WEB上のメタバースプラットフォームでは、グループのメンバーとアバターを通じて同じ空間にいるかのような臨場感を実感できるとの回答が多い。また、カメラのオンオフを気にすることなく交流が可能であるため、多くの学生がWEB上のメタバースプラットフォームを選択している。

　アプリのメタバースプラットフォームにおいても、高い臨場感や一体感が得られ、現実に近い形でディスカッションが生き生きと行われる。自由度が高く、使っていて楽しいようで、アバターの存在により、実際の顔を出さずとも現実感のあるコミュニケーションが可能となり、疎外感を感じることが少なかったようである。さらに、HMDを使用してのメタバースプラットフォームへの参加は、身振り手振りを駆使した自由なコミュニケーションが可能であった。HMDの使用による臨場感やリアクションの容易さが特筆され、HMD使用のメタバースプラットフォームはアンケートにおいて最も点数が高かった。しかしながら、課題として、無償のWEB上のメタバースプラットフォームにおいては人数制限があり、ルームを移動する際に毎回アプリを起動しなければならない点が不便との意見も見受けられた。

　Web上のメタバーズプラットフォームの場合、ディスカッションルームに移動する時、参加している留学生が突如として姿を消してしまうことがある。どこに移動すればよいのかがわからず、それによるフラストレーションが生じている可能性が考えられる。再びクラスルームワールドへ戻る場面でも、再参加の障壁が存在している。1つの空間内でディスカッションルームやクラスルームへのワープが可能であることが求められるが、その実現には約数100万円の費用がかかるという経済

的な制約もある。さらに、海外のツールを使用すると文字化けの問題が生じる。学生がワールド内での行動に困難が生じていないかを把握して指導に活かすために画面録画の要請をしている。通常の会議ツールには録画機能がデフォルトで提供されているが、メタバースプラットフォームにおいてはこの機能がなく、学生自身に画面録画をお願いする必要がある。

また、アバターを使用することで表情や声のニュアンスが伝わりにくいという問題も存在する。その解決策としてHMDを使用することを試みたが、効果的な使用には練習が必要である。HMDを利用すれば一部の非言語情報は伝達可能であるものの、より詳細な情報伝達には更なる技術が必要とされる。海外の学生へのHMDの配布や利用も技術的には難解である。メタバースは教育利用に有用であり、心理的な壁が低減されることはわかっているものの、メタバースが元々教育目的で開発されたわけではないため、教育に必要な機能を持った「アカデミックメタバース」の構築と開発の必要性が非常に大きいと考えている。

## 4. おわりに

5名の異なる分野の専門家により、メタバースの教育利用における技術的な課題が取り上げられた。ただし、この議論は2022年12月時点の状況を反映しており、その後の改善や進展も予想される。

# 第 17 章　パネルディスカッション第 2 部
## 「メタバースで世界をつなぐ国際協働学修」

座長：Ryan Spring（東北大学）
パネリスト：Agus Budi Cahyono（Brawijaya University）
Njeri Kagema（United States International University-Africa）
Zhishen You（Dalian University of Technology）
小熊 利江（Ghent University）
田中 宏樹（クラスター株式会社）
林 雅子（東北大学）

## 1．はじめに

　6名の方に実際にメタバースを利用した国際協働学修を通して感じたメリットおよび課題についてお話しいただいた。
　※当日のパネルディスカッションを書籍用に再構成し、掲載する。

## 2．各国のVR・メタバース事情と各大学の紹介

Agus：私はインドネシアのBrawijaya大学にて日本語の授業を行っている。所属する学生数は各学年約100名であり、学費は1年あたり約1万6,000円となっている。したがって、4年間での総計は約6万円である。4ヵ所のキャンパスにおいて、日本文学科、日本教育学科を専攻し日本語を学ぶ学生は、合計約150名程度である。私は文学部に所属しており、所属学生は「メタバース」という名前を知っていても実際のVRを使って日本語を勉強したことはなかった。そこで林先生の提案で取り組むこととなった。
　本学からは2名の学生が林先生の国際共修授業に参加した。私の所属する大学は総合大学であり、理科系の学部にて、今年から「メタバース」

というツールまたは方法を導入すると見られるが、しかし、現段階ではカリキュラムに正式には採用されていないと聞いている。他にも2022年度の新入生を対象に、ある学部の教授がVR用のゴーグルを装着させたそうである。

　メタバースについてより深く学んでもらうことを目的としたフォーラムがインドネシアでも開催されるため、学生に参加してもらう予定である。国からもメタバースに関するワークショップの参加オファーがあったため、学生の参加を期待している。インドネシアの文部科学省が高校にもメタバースをカリキュラムに取り入れようという動きがある。

Kagema：私はケニアのナイロビに位置するUnited States International University-Africaで日本語教師をしている。USIU-Africaには、2つの日本語コースがある。1つ目は初級日本語コース、2つ目は副専攻の日本語コースである。

小熊：ゲント大学は、中世における毛織物貿易で繁栄したベルギーのゲント市において、約205年前に設立された大学である。現在の学生数はおよそ4万3,000名である。コロナ禍で2年間、日本への留学が実現しなかったため、また今回ディスカッションが中心の授業ということもあり、日本語をある程度習得している修士課程1年生を対象に参加を募った。修士課程の日本語クラスではディスカッション主体の授業を行っているが、その中から2名の学生が東北大学のメタバースオンライン授業への参加を申し込んだ。学生2名の日本語の習得レベルは、約3年間の学習を経て中級後半のレベルである。

You：大連理工大学は、理工系の学科において実績があり、学部と大学院の学生を合わせると約4万5,000名の学生が在籍している。その中で、日本語を学習する学生は1,000名以上である。日本語専攻の学生、機械、材料、情報工学を専攻する日本語強化班の学生、日本語副専攻の学生、

さらに、日本語を第2外国語として学ぶ学生もいる。

大連理工大学は、日本の55の大学及び研究機構と協力協定を締結している。特に東北大学とは、金属材料、化学、機械等の分野を中心とした、教員間の共同研究や学生の交換留学を25年間にわたり行ってきた。

2022年10月より、日本語学部の学生が2名、林先生の国際共修授業に参加する機会を得た。これらの学生の日本語能力は、能力試験のN2からN1のレベルに相当する。

大連理工大学はVRの積極的な利用を進める予定であり、具体的な活用例として、次の2つを挙げることができる。1つ目は、「大連理工大学VR実験教育科目プラットフォーム」である。現在、工学の実験は25もの科目が設けられており、学生たちはこれらのプラットフォームで実験科目を履修している。これはVR研究施設の建設である。この研究施設は、多くの大学と教育リソースを共有する目的で計画されている。同一分野の教員が集結し、シンポジウムを通じて授業の構築やその他の事項について議論を深める。2022年10月に大連理工大学が主催し、3つの他大学を招待し、脳認知科目群VR研究室建設シンポジウムが実施された。

2つ目であるが、中国におけるVRの活用例として国家VR実験教育科目共有プラットフォームが挙げられる。このプラットフォームは中国の教育部が構築した国家レベルでの仮想シミュレーション実験教育センターである。工学、医学、脳科学など、多岐にわたる学科の実験が総数3,300以上取り揃えられている。このプラットフォームは、合計で2,670の大学によって利用されており、利用者数は累計で1,300万人を超える。

田中：私は「cluster」というメタバースの開発・運営を手掛けているクラスター株式会社の共同創業者兼CTOとして勤務している。当社のプラットフォームが如何に使用されているかの一例を確認することができるため、非常に新鮮である。

林：私は東北大学でVR・メタバースを利用した国際共修授業を実施して

いる。この活動の発端となったのは、2021年の前期にHyFlexで授業を実施したことである。当時、留学生が日本への入国が難しく、実際の教室での授業が叶わない中、日本国内の学生は教室での学習を希望していた。そのため、HyFlex授業を実施した。

実際に日本に来ることができた留学生や、来日できず遠隔参加となった留学生と合わせて、合計10名の学生が授業に参加した。しかし、教室の中で日本にいる学生たちが活動を行っている姿を見て、渡日できない留学生たちはその場に参加し、友人との関係を築きたいという願望を抱いていた。その反面、日本人学生の中には、カメラをオンにすることを避ける傾向が見受けられたが、それにより同じグループとなった留学生は心理的なストレスを感じていた。

留学生からの悲痛な声は、私の耳にも届いた。カメラのオンオフ問題や心理的な壁の問題を解消する方法として、2021年度後期にメタバースを導入した結果、学生たちから心理的な壁が低減したとの評価を多く受けた。そして、2022年の前期には、日本人学生104名と留学生26名、合計130名の学生が1つの空間に集合し、共に授業を受講することが実現した。

コロナ禍において、1つの授業に留学生が26名も参加するのは多いと言えるが、さらに多くの留学生の参加を望む声が受講者から上がっていた。この対応策として、まず日本人学生の数を減らした。

そして、小熊先生、Agus先生、You先生、Kagema先生からの協力を得て、また、本日は参加していないが、ベトナムのHue先生からも支援を受け、5カ国の海外学生が渡日せずに国際共修授業に参加している。

海外学生には「留学生」という称呼は使用せず、「Virtual Exchange」を略して「VEの学生」と呼称することとした。VEの学生として、Kagema先生が指導するケニアの学生をはじめ、5カ国の学生たちと一緒に活動が行われている。本学の留学生を含め、合計41名の学生で、メタバースを利用した教育が進められている。

## 3. メタバース教育活用の利点

Agus：私の出身地はジャワ島の東ジャワ、マランという町である。もし日本の学生と同じ空間で、同じ教育を受けることができれば、それは非常に喜ばしいことであると学生からコメントがあった。林先生や日本人の学生と一緒にディスカッションも即座に実現できる。日本人はカメラはオフにしているが、日本語学習者にとっては日本人とのコミュニケーションを望む気持ちは強く、そのニュアンスを共有できるのなら、学生も喜びを感じるだろう。

Kagema：私が感じる一番の利点は、アバターを自由に作成したり動かしたりできることが特に若い人にとって非常に楽しい教育ツールだと思われることだ。

小熊：メタバースを教育に活用する利点は多岐にわたるが、ここで主な3つの点について述べたい。まず、1つ目はこのように世界各地から自由に参加できることが教育上の利点だと思う。様々な国や地域から、多様な背景や知識を持った学生が集まることで、新しい意見や知識を得る機会となり、大きな教育的効果が期待される。もちろん、オンライン教育でもこれは可能だが、メタバースがもたらす利点の1つと言える。

　2つ目の利点として、学生が楽しみながら参加できる点が挙げられる。メタバースでは、個別に自由にアバターを設定して、ゲーム感覚での参加が可能である。これにより、学生が集中して取り組む姿もみられる。このような楽しい体験は、学習意欲を大いに促進すると考えられる。

　3つ目の利点として、林先生が触れた通り、学生の不安が減少することが挙げられる。メタバースにより、同じバーチャル空間の共有が可能となる。これによって、参加者は「一緒にいる」という感覚や親近感を得ることができる。結果として、ラポール（rapport）や仲間意識が形成され、心理的な障壁が低下する効果が期待される。特に日本の学生においては、カメラをオフにしたいという気持ちや控えめな性格を持つ人も、メ

タバースを利用することで発言への勇気が出る可能性がある。相手との直接的な視線のコミュニケーションが苦手だと感じる日本の学生は少なくないが、メタバースでは実際の顔を直接見ることなく、コミュニケーションが可能である。さらに、自らのキャラクタを新しくデザインすることで、クリエイティブな気持ちが刺激されると共に、本来の自分とは異なるイメージを作り出すことができる。本当の自分だけでなく、見せたい自分を作ることによって、学生の積極的な参加につながる可能性もある。メタバースの教育への活用は、今後、大きな期待が持たれる分野だと思われる。これからの発展を楽しみにしている。

**You**：学生からの意見を基に、以下の4つが利点として挙げられると思う。第1に、メタバースにおける新規性と新たな挑戦である。林先生から提供される新しいアプリケーションとの出会いは、インストールの手間はあるものの、学生にとって新鮮であった。第2に、林先生の授業では検索ツールも教えてくださり、コーパス検索アプリケーション中納言やCiNiiに関する知識を得ることができ、多くの学生から勉強になったとの声が寄せられた。

　第3に、通常の対面授業で会えないものの、メタバースを利用することによって、学生間の交流の距離が縮まり、臨場感もあった。先生やTAから技術的なサポートが提供され、その支援の中で学生は優しさや親近感を感じることができた。特に、日本語学科の学生は日本語を向上させたいという意志がある。この授業の参加を通じて、参加者間のディスカッションや最終的な口頭発表を通じて、その目的を達成するために奮起する姿が見られた。学生は、先生や他の学生との日本語を中心とした交流を経て、日本語の向上を実感していると考えられる。

　第4に、国際的視野の広がりが挙げられる。これまで日本語学部の学生のために日本語のネイティブの話者との交流も行ってきた。しかし、今回の経験では、日本人だけでなく、多様な国や地域の学生との交流の機会もできた。これにより、言語の学びだけでなく、異文化やさまざ

な考え方に触れることができ、学生の国際的視野が拡大したと感じられたとの意見もあった。

田中：身体性という要素が教育利用の際に大きな利点として浮かび上がると思う。国際的な文脈での活用においては、ノンバーバルな（非言語的）コミュニケーション、特に身振り手振りやジェスチャーを用いたコミュニケーションが強調される。この身体性は非常に重要である。さらに、オンラインを介し日本に訪れることができない方が、メタバース上で直接対面しているかのようなコミュニケーションを体験できることも大きな利点である。

林：学生の希望を考慮した授業参加方法として、国境を越えて海外からの参加が可能なハイブリッド形式の授業は非常に多くの利点を持つ。そのため、学生からのニーズは高い。しかしながら、参加形態による公平性の欠如や、前述の通り孤立感や心理的な壁といった課題も見受けられる。日本人学生や渡日している留学生からも、対面形式での参加を望む声が多いという事実もある。対面授業が再び増加する中、海外や他大学からの参加を容易にするため、さらには将来の危機に備える観点からも、ハイブリッドやHyFlex形式の授業を積極的に取り入れるべきである。

　そのためには、この心理的な壁の問題を改善できるメタバースの利用が有益であると考える。対面での授業を継続しつつ、海外から参加の学生にも対面に近い教育体験を提供することができるのではないか。我々は、対面教育を超える新しい形の教育提供を目指している。しかしながら、多くの課題も存在し、これについては次の課題部分で触れることとする。

## 4．メタバース教育活用の課題

Agus：まず、固定費が必要である。例えば、私の国ではすべての学生がノートパソコンを所有しているわけではない。私自身が保有する2台の

うち、1台を学生のオンライン授業参加のために貸与した。ハードウェアおよびソフトウェアがより安価に提供されれば学生も購入できるようになるかもしれない。また、学生のために、より分かりやすいマニュアルが提供されれば有益であると考える。

Kagema：メタバースの利用は、学生が習熟するまでに時間がかかる。そのため、時間制約の中で授業の目標を十分に達成するのは難しい可能性がある。また、予算的な制約からメタバースを利用できない教育機関も少なからず存在すると考える。

小熊：ゲント大学の様子について紹介する。先ほど触れたように、ゲント大学からの参加者は2名いたが、残念ながら途中で参加を取りやめてしまった。学生に話を聞いたところ、その主な理由は時差に起因しているようである。オンライン授業は世界中からアクセス可能な利点があるが、実際には時差の問題で参加が難しいという状況も発生している。ベルギーと日本の時差は8時間であり、ゲント大学の学生にとって授業の開始時間は朝の6時40分となっている。VR装置は大学にあるが、早朝なので使用することができない。

　メタバースにおける課題の1つとして、アバターの顔の類似性が挙げられる。また毎回アバターを自由に変えることができるため、日本人学生や海外の学生を覚えるのが困難になり、同一の人物かどうかの識別が一層難しくなる。加えて、アバターの表情にも問題がある。具体的には、人間が対面で示す微細な表情、例えばわずかな不快感を示す表情や喜びの表情などが、メタバースでは捉えにくいということがある。討論の場では、参加者の反応は非常に重要である。相手の表情や軽い相槌などの反応を元に、次の発言を行うという会話のプロセスが、メタバース内では容易ではないと言える。

You：学生の意見として、アプリの使用に関する困難性が挙げられてい

る。特に、前半でメタバースXというアプリの使用が困難であるという指摘があった。私自身も困難を経験した。初めの段階では、このアプリの使用が不可能であった。後半においては、メタバースBを用いることで参加が楽しめるようになったが、前半ではメタバースXの使用困難により、学生たちはどのように行動すべきか分からず、他の参加者との交流は文字だけという形になってしまった。サポートは提供されていたものの、学生たちは音声や顔の情報を利用した参加を求めていた。後半に入ると、メタバースBやCの使用によってその状況は大きく改善された。この点が1つの課題として挙げられる。

　2つ目として心理的な壁について考察すると、対面参加者との間で心理的な距離を感じるという意見が多く寄せられた。前半における文字だけの交流や、アプリへのアクセスに伴う時間のロスがあった。アクセス時間が増加することで、同じグループ内の参加者との交流時間が短縮されるケースがあり、これに対する不満が学生から出されていた。その結果、学生は自身が他者に迷惑をかけているとの感覚を持つことがあるようである。


田中：環境の整備にかかるコストは現状でも問題点として考えている。VRデバイスが自宅にない、そもそもPCがあるか等の課題は、日本に限らず海外でも同様の課題があると考えるとより大きな問題になってくると考えられる。

　また、デバイスの有無だけでなく、ネットワークの安定性も重要な要素である。地理的に遠く、物理的な距離が増えることにより、ネットワークの遅延の問題がより顕著になる可能性が高まる。

　日本はインターネットのインフラが比較的整備されている国である。一方、国によっては良好なネットワーク環境が一般にまで普及していない場所も存在する。例として、「cluster」が実施した海外向けのイベントにおいて、北米を対象としたものがあったが、北米の一般家庭の平均的なネットワーク環境は、日本の国内のそれよりも劣っているとされる。

そのため、ネットワークのトラブルが増加する事例が発生することがあり、これは今後の課題となると考えられる。

　第1部のパネルディスカッションでも、授業利用のための準備に多大な時間が必要であり、マニュアルが必要となる点が指摘された。メタバースは教育に特化しているわけではなく、この空間では音楽ライブ、イベントの開催、ビジネスの展示や商談など多岐にわたる活動が可能である。

　しかし、授業をメタバース上で行おうとする際、必要となる機能は限られており、それにアクセスするのが現状では難しいと感じられる。この点について、サービス提供者側はユースケースに応じて、必要な機能へのアクセスを容易にする整備が求められる。現在、これは大きな課題となっており、多くの意見を聞く中でその認識を強くした。

林：メタバースを活用した国際協働学修において必要となる全ての機能を備えたツールは存在しない。そのため、使用するツールの選定や導入に困難が伴う。先ほど、多くの先生方がこれらの問題点を挙げたことを確認した。

　ツールのインストールだけで多くの時間が費やされる。単位を取得する学生には、自宅での事前インストールを課すことができるが、単位取得ができない協力校の学生には、時間外に大きな負担を強いることは避ける必要があった。授業の時間内でインストールを試みた場合、全員がアクセスすることでサーバーに問題が生じ、通常迅速にインストールできるはずのものが進行しなくなるという事態も発生している。その結果、授業時間が潰れてしまうこともあった[1]。さらに、特定の国からのアクセスが制限されているなどの問題にも直面したり、異なるツールを導入する必要性が生じたりした。このような状況下では、学生たちに負担が強いられる。そのため、1つのワールドに入ればワープしてそのなかで一貫して発表やディスカッションなどの授業を行える教育利用に特化したメタバースプラットフォームが望まれる[2]。

先程小熊先生からもお話があった時差の問題について、時差は超えられないとしても、より容易に利用できるメタバースプラットフォームが存在すれば、学習者の時間外におけるメタバース上での交流を促進することができ、時差のある学生にとって都合の良い時間に交流することが可能となる[3]。

次の課題として、言語の壁により交流がうまくいかないことが挙げられる。特に留学生はこの問題により大きな負担を感じている。さらに、使用マニュアルなどが日本語のみで提供されている現状は、改善が必要である[4]。

最後に、海外学生は本授業に出席しても単位が付与されない点も課題として挙げられる。私自身の名前で受講証を発行する旨を伝えているが、大学側からの受講証に相当するものを発行するよう取り組みを進めている状況である[5]。

会場より第1部について質問を受け付けたところ、アカデミックメタバースにおける要件についての質問を受けた。この要件は利用目的に応じて大きく変わる。高嶋先生のお話にもあったように、専門的な授業では交流よりも学生のメモ取りが重要となる。教育の目的によって必要な機能が異なることを認識しながら、国際協働学修に必要な要件を考えると多岐にわたるが、その中でも3つの要件を挙げたい。

まず、国際間のコミュニケーションでは、日本語が即座に理解されるわけではない。情報が文字として提示されれば、音声が理解しにくくても視覚情報としてある程度理解することが可能である。そのため1点目として、話された内容が即座に文字として変換される機能が望まれる。さらに、マルチリンガルアカデミックメタバースの構築をしたいと考えている。即座に英語や希望する他の言語に変換される機能が加われば、より有効であると考える。映画などで見られる、ある言語の吹き出しを別の言語に変換するような機能が実現されると良いのではないか。

次に、2点目の要件として非言語情報の伝達を可能にすることが挙げられる。小熊先生やKagema先生からもお話があったように、アバター

を通じた情報は伝わりにくい点も否めず、教育用のメタバーズにおいても、非言語情報も的確に伝えられるシステムの実現が望まれる。具体的には、視線や日本人に特有の相づち、口角の動きなどは、非言語情報の伝達に非常に有効である。例えば、目の動きだけでは理解しづらいが、口角の動きや表情の機微によって「聞いている」「賛成している」といった情報が伝わる。アバターや仮想空間の中で表情の機微を再現できることを期待している。

　3点目がデータである。学生がどういう行動を取っているのか、ログデータを取得できる機能の追加も望まれる。

　私は以前、日本語および日本文化の普及を目的とした政府系機関から派遣されて海外の大学で教えていた。現在、世界中で日本語を学習している学生が数多くいて日本語で海外学生と交流しているが、これは当然のことではない。我々は、必要に応じて日本語を他の言語に切り替える必要がある。そして、それが不可能である場合も、適切なツールを用いて切り替える方法を模索し、多くの人が参加しやすい環境を整えるべきである。

　日本語を学習している学習者にも、日本語が同時に勉強できるような2言語表示可能なマルチリンガルアカデミックメタバースの構築を目指したい。

## 5. メタバース教育活用の方法

Ryan：私から1つ疑問点を提起する。色々なメタバースを日本語教育に生かした実例が紹介されたが、今後、日本語や日本文化を国際的に発信する手段として、メタバースはどのように活用されるのであろうか。

　海外学生にとって、日本語や日本文化の学習を促進する観点から、メタバースの活用方法についてはどのように考えられるのであろうか。

Agus：私の大学の多くの学生たちはゲームやアニメに興味を持っている。そのため実際にゲーム内で日本人との交流が可能となれば、すぐに日本

人とコミュニケーションができると考えている。

林：スマートフォンを用いて瞬時に3次元データを生成する技術についての紹介を見たことがある。現在、学生たちはVRカメラを利用して日本文化を紹介するコンテンツを撮影している。そのようなコンテンツを蓄積し、メタバース上で公開することにより、海外の人々に日本文化をよりリアルに体験してもらうことを目指している。この方法では、渡日することができない、また渡日を前提としていない学生たちにも、没入感の高い文化体験を提供できる。このようなコンテンツを学生たちが比較的容易に制作し、紹介することが期待される。さらに、時空を越えた体験、例えば源氏物語の舞台となる平安朝の部屋や戦国時代の空間を再現するといった試みも考えられる。

　逆に海外の学生たちに同様のことをしてもらうことで、実際に海外へ行くことが難しい日本人学生たちに、例えばケニアの大学との交流を実現し、ケニアの授業を体験すること、またその風景に没入する体験を提供できたら教育の可能性は広がるのではないかと期待している。

## 6．おわりに

　5名の教育関係者と1名のメタバース専門家によってメタバースの国際教育利用におけるメリットおよび課題が取り上げられた。ただし、この議論は2022年12月時点の状況を反映しており、その後改善し、進展しているものもある。

注
1) 海外学生には英語でチュートリアルスライドを送信した上で、授業開始に先立って事前説明会を開催し、そこでインストールのサポートを実施している。留学生・日本人学生には英語・日本語2言語併記でチュートリアルスライドを送信して授業の前にインストールしてもらい、希望者には時間外サポートをすることで現在は授業時間を十分に確保している。
2) 1つのメタバースプラットフォームに入って、発表、グループディスカッションやペアワークが行えるワールドを構築したため、当該問題は現在解決している。
3) 現在は、クラスルームのメタバースワールドのリンクを共有して、そこで時間外学修をす

るように促している。リンクをクリックすることで容易にアクセスすることができる。時差の問題の克服自体は困難であるが、授業時間外に空間共有感覚を高めながら交流することで課題の改善を目指している。
4) 現在、グループワークや発表後の全体意見共有には、生成AIの翻訳機能を活用している。5章で述べたように、今後マルチリンガルなメタバースプラットフォームの構築が望まれる。また、現在は英語と日本語の2言語でチュートリアルスライドを提供している。
5) 要件を満たした海外学生には、東北大学高度教養教育・学生支援機構からマイクロクレデンシャルであるオープンバッジが付与される。一部の海外協力校では本授業を履修することで海外学生が所属する大学の単位が付与される。今後も各大学と連携して、本取り組みを拡大していきたい。

# 展望

五十嵐 大和（東北大学）

　一言で表現するならば、「面白かった」、「興味深かった」という感想である。「メタバース」の一言で括りがちだが、その奥行きや幅が非常に広く、多様性を持っていることを実感した。早くも次回の開催が楽しみだが、具体的な時期は未定とのことである。

　1年後かどうかは不明であるが、その1年の間に多くの新しいデバイスや技術が登場し、通信環境の向上も期待される。それらが相互に影響し合い、加速度的に発展していく様子は非常に興味深いと思う。

中村 教博（東北大学）

　今回のシンポジウムは、林雅子先生から突然依頼を受けて参加させていただいた。メタバースについての詳しい知識は持っていなかったが、1日目に座長として参加させていただいたことで、このテクノロジーが非常に大きな可能性を持っていることを強く感じた。私は学部1年生、2年生が受講する全学教育（教養教育）のあり方について日々検討し、研究型総合大学の一員として、どうすれば異なる学部の学生同士を生産的な対話に導けるかについて考えている。2022年から始まった新しいカリキュラムにおいて、学問論群が新たに加わり、新入生が所属する学部とは異なる学部の学生同士で対話を進めることができる機会を設けることができた。本学には10学部、15研究科と多様な附置研究所が存在し、その研究の多様性は東北大学の強みである。それぞれの学部・研究科での個別の研究は世界の最先端を目指すためには不可欠である。しかし、本学を卒業し、社会に出てからは特定の分野だけの知識だけでは力不足であり、自身の専門性を高めつつ、多様な分野と連携することこそが新しい発見や発展を生む鍵であると考えている。そのため、私が所属する高度教養

教育・学生支援機構の目指すところとしては、学部の3、4年生や大学院生への教養教育も重要視している。したがって、多様な研究分野の大学院生・学生を対話の場に迎え入れて、異なる専門分野間の対話の場を提供したいと常々考えていた。今回紹介されたメタバースというテクノロジーを利活用することで、そのような対話が容易になるのではないかという可能性を強く感じた。将来、メタバースやVRを活用し、異なる分野間での学際的な交流が進むような取り組みが実現されることを期待している。

八木 秀文（東北大学）

　東北大学オープンオンライン教育開発推進センターにおいてビデオ教材の制作を担当しており、映像制作の分野でも活動をしている。2日間の講演を通じて、技術面で各分野の専門家が大変な努力をしていることが伺えた。

　私の専門は教育工学であるが、この分野は、教育の背景を持つ人と、システムや技術の背景を持つ人がおり、よりよい教育を実現するためには、この2つの異なる背景を持つ人々が協働することが重要だと考えている。私が子供の頃にファミリーコンピュータが登場し、当時のCPUやグラフィック性能は、現在のプレイステーション5のような高度なものとは大きく異なる。これと同様に、技術の進化により、教育工学の分野でも今後の研究と開発を通じて、さらに進化した教育が登場することを期待している。

　とはいえ、我々教育工学の人間は、例えば、メタバースにおいてすべての教育を実施しようとは考えないと思う。これは私の考える教育工学者の特徴であり、数ある利用可能な手段の中から効果を最大にする方法を目指すものである。私はeラーニングも専門として取り組んでいるが、必ずしもすべてeラーニングを用いなければならないわけではない。対面授業が適切と判断すれば、対面授業として授業設計する。一方、eラーニングが適切であれば、その方法を採用する。今後、メタバースがその選

択肢の1つとして有力視されることも考えられ、より高度なリアリティを持った世界が構築されると予想される。その際には、初めてメタバースを利用する教員にとっても使いやすいシステムが構築できていることを期待する。

小池 武志（東北大学）

　私も中村先生と同様、東北大学の高度教養教育・学生支援機構に所属しており、理系留学生の教育に従事している。同僚の先生方とは、理系の全学教育、特に理系教育の進め方についてしばしば意見交換を行っている。今回のシンポジウムに参加するにあたり、メタバースという言葉は表面的には知っていたが、その具体的な定義については理解していなかった。

　シンポジウムを通じて、メタバースがまだ確立されていないということ、そして「ユニバース」というよりも「マルチバース」や「パラレルユニバース」という、物理学における概念に近いものであることを理解した。また、異なるバース間の移動がまだスムーズでなく、同期や連携が重要であることも感じた。

　メタバースは同じ場所にいるかのような感覚を持ちつつ、時と空間を選ばない特性を持つ。この特性をプラットフォームに実装する手段として、XR技術、すなわちMRやARなどの技術が存在する。メタバースとXRの技術は密接な関係にあるが、完全に融合しているわけではない。この点についての大まかな理解を得ることができたので、このシンポジウムは非常に有益であった。

　私が所属する高度教養教育・学生支援機構では、アクティブラーニングでSTEM教育（Science, Technology, Engineering and Mathematics）を効果的に行う方法を追求している。アクティブラーニングの取り組みにおいて、中村先生と共同でさまざまな実践を行ってきた。アクティブラーニングでは方程式や概念の可視化が重要である。特にXRの技術は、5年前に比べて飛躍的に進化していて、理系の学生にとって、方程式や概

念の可視化技術が進んでいると感じている。一方で、東北大学においても、2, 3年前から、数値計算プラットフォームであるMATLABが全学でのライセンス供与を受け、使用が可能となった。私は積極的に学生にMATLABを授業に取り入れるようにしている。VRヘッドセットの出現により、例えばVRヘッドセット内で仮想的に単振り子を設定し、そのサイズを自由に変更しながらMATLABと連携させて周期運動を考察したり、慣性モーメントが違う同じ質量の物体が斜面を転がる速さを比較するといった演習が、VR内で仮想的に行えるようになった。このような技術を用いることで、以前は抽象的にしか理解できなかった科学的なコンセプトが可視化される機会が学生にとって増えることが期待される。例えば、$1/r$($r$は物体間の距離)型ポテンシャルを仮想空間内で3D化することが可能である。理系の授業は、日本語の林先生の授業とは異なり同期性は必須ではないが、授業で議論する内容を学生が後で深堀りするという非同期的な側面が重要である。メタバースの進化を望む一方で、既存のXRの技術でも、理系教育の実践的な改善が大いに期待できると認識する。今回の講演でのその認識は大きな収穫であった。

北村 良(リコージャパン株式会社)

　リコーの販売会社リコージャパンに勤めており、今回は林先生に弊社の製品の1つである、360度撮影用デジタルカメラ「THETA」をご活用いただいたご縁でこの場にご招待頂いた。

　この2日間の先生方のお話は私にとって多くの驚きと刺激の連続であった。1日目冒頭に南三陸町の防災庁舎で撮影した映像があったが、さまざまな技術を駆使したその映像は、まさに津波の現場にいるような恐怖感すら感じられる映像であった。メタバースやXRの技術は、単に知識や情報の共有を超えて感情にも訴えかけられる技術であることを感じた。本当に貴重なお時間をありがとうございました。

高木 敏行（東北大学）

　林先生がオーガナイズされたこのプログラムは、知の創出センターが推進している知のフォーラム事業の3種のプログラムの1つである「未来社会デザインプログラム」である。「未来社会デザインプログラム」は、先端技術が社会にどのように浸透するか、それに関連する倫理的課題、さらには具体的な応用に至る側面に焦点を当てている。この2日間にわたる討議を通じて、当プログラムの主要目的は大いに達成されたと考えている。4月以降、参加者の皆様の熱意と積極的な取り組みが結実し、本日のような成果が実現したことに対し、感謝申し上げる。

　さらに、議論には大学の教員、産業界の関係者、そして官庁の方々も参加しており、多角的な議論が展開された。これは知の創出センターが目指している方向性と一致している。知のフォーラム事業では、より規模の大きい「テーマプログラム」も公募しており、そこでは国際的な舞台での発表も視野に含む。今回は国際シンポジウムという形で開催されたが、主要な対話は日本語で行われた。国際的な展開を視野に入れ、多様なネットワークを形成していくことで、将来のテーマプログラムへ展開するものと期待している。

　当プログラムは来年度へも継続される予定であり、そのさらなる進展と成果に対する期待は高い。今後とも、皆様の変わらぬ支援と協力を賜りたく、よろしくお願い申し上げます。

Ryan Spring（東北大学）

　メタバースはエンタテインメントのみならず、教育現場での可能性が多くあるのに気づいた。

　また、今後の研究課題としての可能性はたくさんあるように思った。パソコンで繋がっているため、データは小まめに取れると思う。特に、学習へのエンゲージメントは着目すべき研究課題の1つだろう。

常田 泰宏（東北大学経済学部2021年卒業生）

　まずはじめに、末席として紙幅をいただくことをご容赦いただきたい。2022年の3月に東北大学経済学部経営学科を卒業し、現在は出版業界に身を置いているが、入学当初より林先生の研究のお手伝いをしていた縁から、本プログラムでも座長としてお声がけをいただいた。

　本プログラムは、ともすれば抽象的なXR技術に対して解像度を高めたように思う。異文化交流とXR技術を組み合わせることで新たな形を生み出しつつある林先生をはじめ、それぞれの分野で具体的にどのような取り組みをしているか、2022年12月時点の足跡が残された。その行先については、私は一人の市民として追いたいと考えている。

　最後に、本プログラムでもメイントピックとなったメタバースの語をこの世に生み落としたSF小説『スノウ・クラッシュ』から、まさしくその言葉が初めて登場する一文を引用する。「専門用語では〝メタヴァース〟と呼ばれる、想像上の場所だ」。本プログラムを通じ〝想像〟の解像度が高まることで、社会課題への解決の道筋もまた1つひらかれたのかもしれない。

※『スノウ・クラッシュ（上・下）［新版］』著：ニール・スティーヴンソン、訳：日暮雅通、ハヤカワ文庫より

林 雅子（東北大学）

　最後に、メインオーガナイザーとして展望を述べたい。第5章で詳述させていただいたように、筆者は現在、VR技術やメタバースを活用して、多様な言語・文化的な背景をもつ学生が世界の各地から参加し、協働学修を通して学び合う「メタバース国際協働学修」を実施している。本取り組みは、地理的な制約を超えて、多様な国や地域の学生との交流を通して異文化理解と、臨場感や没入感の高い学修体験を通して深い考察とディスカッションを促進し、グローバルな視野を持つ人材の育成に貢献することを目的としている。

　第5章第6節で触れたように、学生たちがメタバースワールドを協働で作成し、国境を越えて協働発表を実施している。オーディエンスであ

る学生たちは、クラスメートが作成したメタバースワールドにヘッドマウントディスプレイ（HMD）を装着して参加し、没入感と臨場感の高い異文化体験をすることができる。また、ワールド内で空間共有感覚を活かして、クラスメートとインタラクションすることも可能である。中には、HMDを装着し、非言語情報を伝えながら発表する学生もいる。

このように、VR・メタバースはコミュニケーションのツールにとどまらず、臨場感・没入感・現実感の高い学修コンテンツとして一層充実化している。実際に、受講学生に質問票調査を実施したところ、従来の発表方法に比べて異文化理解の深化や記憶への残りやすさなどの学修効果を向上させることがわかってきている。これらは、言語的障壁がある世界中の国との交流の際に、一層その潜在的可能性を活かすことができるであろう。

パンデミックが収束を迎え、世界中の国や地域との直接交流が再開している。しかし、経済的、制度的な理由等で留学が困難な学生たちは依然として存在する。そのような学生たちの障壁を減らし、渡航せずとも国境を越えた国際協働学修の機会を持ってほしいと考えている。加えて、留学に心理的な障壁を感じている学生たちに対してもその動機付けとなるよう、自国にいながらにして国際交流が可能となる教育機会を提供することが重要である。

日本と世界における未来の教育を見据え、従来型の2次元での交流だけでなく、没入感の高い3次元の交流を推進したい。XR・メタバースを活用したバーチャルエクスチェンジ（VE）はそのような思いから、2021年の後期に開始した。この間に50名を超える海外学生が参加してくれた。最初は5カ国5大学から始めたが、その後多くの国や大学に賛同していただき、現在は7カ国11大学が参加している。さらに多くの問い合わせもあり、今後も拡大していく予定である。

現在は学生たちがHMDを容易に使用できる環境を整備している。パネルディスカッションでは技術面・指導面での課題が多く挙げられたが、先生方のご意見のおかげで、それらの課題に一つ一つ取り組み、その多

くが克服されてきた。その後、文部科学省科学研究費国際共同研究加速基金B（「海外連携研究」）をはじめ、基盤研究Cや放送大学教育振興会助成金に新たに採択していただいた。本取り組みの教育効果の可視化に努め、今後も多くの国や地域に拡大していきたい。さらに、世界の教育機関や企業との連携を進めていきたいと考えている。関心をお寄せくださる方にはぜひご連絡をいただきたい。

　本書は、東北大学知の創出センター未来社会デザインプログラム「Contributions of XR Technology to Education and Society: The Metaverse and International Collaborative Creation XR技術の教育・社会貢献－メタバースと国際協創－」として、2022年度に開催された第1回国際シンポジウム「International Symposium 1: The Metaverse and XR Technology–Educational Applications and International Collaboration メタバース・XR技術の教育利用と国際協創」における講演とパネルディスカッションを基に刊行された。ご登壇いただいたすべての方々にご寄稿いただいた。また、本書の刊行にあたり、公益財団法人栢森情報科学振興財団、公益財団法人高橋産業経済研究財団並びに一般法人放送大学教育振興会に助成いただいた。心より御礼申し上げる。

　最後に、本シンポジウム開催に際して多大なるご助言をいただいた滝澤博胤先生、温かいご支援をいただいた高木敏行先生、開会のご挨拶と序文をご寄稿いただいた大野英男先生、仙台までお越しいただき基調講演をしていただいた喜連川優先生をはじめ、ご登壇いただいた先生方・皆様、知の創出センターの皆様、オーガナイザーとしてご尽力いただいた先生方、東北大学出版会の皆様、事務補佐ならびにアシスタントの皆様、そして支えてくれた家族に、心より感謝申し上げる。本当にありがとうございました。

# おわりに

滝澤 博胤（東北大学 理事・副学長（教育・学生支援担当））

　シンポジウムの終わりに際し、簡潔な挨拶を述べさせていただきたい。オーガナイザーの皆様が2日間を総括し、的確に振り返ってまとめてくださったことに感謝申し上げる。私自身、このシンポジウムを非常に楽しむことができた。参加された皆様も同様の感想を持たれていることと思う。1日目に、私は東北大学の取り組み紹介の一環として、「東北大学ビジョン2030」や、そのアップデート版である「東北大学コネクテッドユニバーシティ戦略」について触れた。この戦略では、時間、国や地域、価値観といった様々な壁を越えてダイナミックにつながることを目指している。このシンポジウムは、そうした取り組みの中で、メタバースやXRに焦点を当てた東北大学の現状を紹介する場でもあったと認識している。2日目のパネルディスカッションでは、時差の問題が取り上げられたことから、我々が時間の壁を越えていないことを痛感した。非言語情報というキーワードも取り上げられた。

　東北大学には「研究第一」という言葉があるが、それは教育が二の次である意味ではない。最先端の研究の場で行われる教育が東北大学の「研究第一」である。1日目と2日目のシンポジウムでは、教育の利用を中心として、新たな研究の芽が見えた。それが即座に教育にフィードバックされ、教育、研究、社会共創の好循環が形成される。東北大学が目指すのは、まさにこの循環である。この分野においても、教育と研究を結びつけ、社会へと展開するために、今後も一層の努力が求められると再認識した。

　オーガナイザーの林雅子先生からのお話の通り、1日目と2日目のシンポジウムはキックオフであり、これからも継続される予定であるので、

皆様の継続的な参加と共に、このコミュニティをさらに広げ、次回のシンポジウムが更に活発に行われることを期待している。

　2日間にわたりご講演いただいた皆様、そして議論に参加していただいた皆様に、本当に感謝している。また、今回は3つの会場、すなわち、対面、オンライン、メタバースでの参加を受け付けたが、それぞれの会場で参加していただいた皆様にも、深く感謝している。さらに、このシンポジウムは知のフォーラムの一環として開催され、高木敏行先生をはじめとする東北大学の知の創出センターの皆様から大きなサポートを受けた。

　もちろん、最も活躍されたのは本学の学生諸君であると認識しているが、皆様の支援のおかげで2日間、楽しい時間を共有することができた。その深い感謝の意を込めて、閉会の挨拶とさせていただく。心からの感謝を申し上げます。

## 執筆者一覧（掲載順）

大野 英男（東北大学 総長）
滝澤 博胤（東北大学 理事・副学長（教育・学生支援担当））
喜連川 優（大学共同利用機関法人 情報・システム研究機構 機構長 /
　　　　　　　　　　　　　　　　　　東京大学 特別教授）
大関 真之（東北大学 情報科学研究科 教授）
雨宮 智浩（東京大学 情報基盤センター 教授）
林 雅子（東北大学 高度教養教育・学生支援機構 准教授）
森田 裕介（早稲田大学 人間科学学術院 教授）
上田 泰成（新潟県三条市 副市長）
ふぁるこ（バーチャル学会 運営委員長）
Kuroly（理系集会）
川鍋 友宏（国立研究開発法人理化学研究所 計算科学研究センター 上級技師）
東 昭孝（金沢大学 学術メディア創成センター 助教）
高村 信（総務省 情報通信政策局 参事官）
田中 宏樹（クラスター株式会社 執行役員CTO）
栁島 智（元・東北総合通信局長）
北村 喜文（東北大学 電気通信研究所 教授）
常田 泰宏（東北大学経済学部2021年卒業生）
五十嵐 大和（総務省 総合通信基盤局電気通信事業部電気通信技術システム課 課長）
菅沼 拓夫（東北大学 サイバーサイエンスセンター センター長・教授）
高嶋 和毅（東北大学 電気通信研究所）
Ryan Spring（東北大学 高度教養教育・学生支援機構）
Agus Budi Cahyono（Brawijaya University 講師）
Njeri Kagema（United States International University-Africa / ケニア日本語教師会会長）
Zhishen You（Dalian University of Technology 外国語学院日本語学部 学部長・教授）
小熊 利江（Université catholique de Louvain 准教授 / 開智国際大学 客員教授）
中村 教博（東北学院大学 教養教育センター 高等教育開発室 室長）

八木 秀文（東北大学 オープンオンライン教育開発推進センター）
小池 武志（東北大学 高度教養教育・学生支援機構 大学院理学研究科 特任准教授）
北村 良（リコージャパン株式会社 ソリューション販売1グループ）
高木 敏行（東北大学 研究推進・支援機構 知の創出センター 副センター長）

※所属等は 2023 年 11 月現在のもの


## 協力者一覧（掲載順）

洪 光（東北大学大学院 歯学研究科・歯学部）
依田 信裕（東北大学大学院 歯学研究科・歯学部）
中川 敦寛（東北大学病院臨床研究推進センター バイオデザイン部門）
小鯖 貴子（東北大学病院臨床研究推進センター バイオデザイン部門）
塩入 諭（東北大学 電気通信研究所）
杉田 典大（東北大学 サイバーサイエンスセンター サイバーフィジカルシステム研究部）
鹿納 晴尚（東北大学 総合学術博物館）
藤澤 敦（東北大学 総合学術博物館）
高嶋 礼詩（東北大学 総合学術博物館）

※所属は講演当日のもの


## カバーデザイン

株式会社エトカク　岩渕 美歩

メタバース・XR技術の
教育利用と国際協創
－東北大学未来社会デザインプログラム
第1回国際シンポジウム－

The Metaverse and XR Technology - Educational Applications
and International Collaboration:
Tohoku University Future Society Design Program
International Symposium 1

©HAYASHI Masako, 2024

2024年9月30日　初版第1刷発行

編　者　林　雅子
発行者　関内　隆
発行所　東北大学出版会
　　　　〒980-8577　仙台市青葉区片平2-1-1
　　　　TEL：022-214-2777　FAX：022-214-2778
　　　　https://www.tups.jp　E-mail：info@tups.jp
印　刷　社会福祉法人　共生福祉会
　　　　萩の郷福祉工場
　　　　〒982-0804　仙台市太白区鈎取御堂平38
　　　　TEL：022-244-0117　FAX：022-244-7104

ISBN978-4-86163-394-2　C3037
定価はカバーに表示してあります。
乱丁、落丁はおとりかえします。

JCOPY　＜出版者著作権管理機構 委託出版物＞
本書の無断複製は著作権法上での例外を除き禁じられています。複製される場合は、そのつど事前に、出版者著作権管理機構（電話03-5244-5088、FAX 03-5244-5089、e-mail：info@jcopy.or.jp）の許諾を得てください。